5분 철학 오프너

Coup de philo sur les ideés reçues

고정관념을 날려버리는
5분 철학 오프너

줄리아 드 퓌네스 지음 | 이나무 옮김

'고정관념'이라는 마개를 여는 철학 오프너

이 책은 2010년 프랑스 공영 TV 방송에서 진행한 프로그램을 책으로 엮은 것이다.

오후 5시 55분과 밤 11시. 미모의 젊은 여성 철학자가 화면에 등장하여 매일 한 가지 주제를 두고 흥미로운 철학적 담론을 펼친다. 주제는 일상적으로 당연하게 여기는 생각, 의심 없이 인정하는 진실, 맹목적으로 추종하는 믿음 등 한마디로 우리가 '고정관념'이라고 부르는 것들이다. 이렇게 40가지의 고정관념이 그녀의 서늘한 시험대에 올려진다.

이를테면 이런 식이다. 우리가 어떤 사물을 두 눈으로 보았다면, 그것을 확실하다고 믿을 수 있을까? 이기주의자는 오로지 자기 이익만 챙기기에 남에게는 전혀 도움이 되지 않는 사람일까? 일에 얽매인 사람은 일하지 않는 사람보다 자유롭지 못하다고 말할 수 있을까? 우리가 무언가를 진정으로 원하고 노력하는 것만으로 바람을 이룰 수 있을까?··· 이 젊은 철학자는 그렇지 않다고 말한다. 그리고 이런 것들이 하나의 고정관념에 불과하다는 사실을 대표적 서양 철학자들의 주장을 통해 입증한다.

우리는 각자의 신념에 따라 각기 다른 자세로 세상을 살아가지만, 철학적으로는 그 자세를 두 가지로 구분할 수 있을 것이다. 하나는 일반적인 통념을 좇아 모든 것을 있는 그대로의 상태로 인정하며 살아가는 자세이고, 다른 하나는 지극히 당연해 보이는 사실조차도 의심하면서 전혀 새로운 관점에서 바라보려는 자세이다.

사실, 오늘날 대세가 '긍정적 사고'에 있는 만큼, 모든 것을 긍정적으로 생각하는 자세는 얼핏 보기에 개인이나 그가 속한 조직과 사회에 유익하고 현명한 것처럼 여겨질 수도 있다. 비록, 모순과 비합리성이 눈에 띄어도 그것을 문제 삼기보다는 전체적으로 긍정적인 측면을 부각해서 갈등 없이 살아가는 사람은 심리적으로도 안정될 수 있고, 또 조직이나 사회에서도 무리 없이 융화될 수 있을 것이다. 그러나 우리는 그런 사람에게서 놀라운 창의력이나 혁신의 의지를 기대할 수는 없다.

우리는 늘 침묵하는 다수보다는 문제를 제기하는 소수의 힘에 기대어, 더디지만 조금씩 더 나은 세상을 만들어 왔다. 아무도 문제를 제기하지 않았다면, 마치 병마개를 따듯이 창의적 사고의 오프너로 뿌리 깊은 고정관념을 날려버리지 않았다면, 지구는 평평하고, 태양은 지구 주위를 돌며, 바람은 어느 동굴에서 잠자는 거대한 신이 내뿜는 숨이라고 여전히 믿으며 살고 있을 것이다. 여성은 남성보다 열등하고, 백인은 정문으로 흑인은 후문으로 출입해야 하며, 센 자가 약한 자를 잡아먹는 것이 당연한 세상에서 살고 있을 것이다. 그리고 마치 병 속에 갇힌 탄산수처럼 부글부글 끓는 인간의 천재성과 창의성을 여전히 '고정관념'이라는 병마개가 단단히 틀어막고 있었을 것이다.

이 책에 소개된 40가지 고정관념을 뒤집어엎는 신선한 담론들은 성격상 네 가지로 구분된다. 1장에서는 주로 분석적으로, 2장에서는 도덕적으로, 3장에서는 존재론적으로, 4장에서는 지혜의 차

7

원에서 고정관념에 접근하여 하나하나 그 허점을 밝혀낸다. 거기에는 플라톤부터 사르트르에 이르는 24명 철학자의 가장 대표적인 철학적 명제들이 소개된다. 우리가 비판적인 사고의 능력을 기르는 데 더없이 훌륭한 교사들이 등장한 셈이다.

TV에서 이 시리즈를 진행했고, 이 책의 저자이기도 한 줄리아 드 퓌네스는 "아무것도 당연한 것으로 여기지 않고, 모든 것을 상대적으로 생각하여 문제 삼으며, 모든 사물을 새롭고 독창적인 시선으로 바라보는 것"이 바로 철학이라고 정의한다.

기원전 고대 로마의 유적에서 발견된 라틴어 문구, "태양 아래 새로운 것은 없다(nil novi sub sole)"라는 명제는 그때나 지금이나 변함없는 진리이다. 그럼에도, 인간이 끊임없이 새로운 것을 창안하고 발견하고 발명해 온 저력은 바로 새롭지 않은 것들을 새로운 시선으로 바라보는 능력에서 나왔다. 우리가 더 나은 세상을 만들기 위해 길러야 할 힘이 바로 이것 아닌가. 그러려면 우선 이 철학 오프너로 고정관념부터 시원하게 날려버려야 하지 않을까. 하루 5분이면 충분하다.

9

2011. 2. 25
옮긴이 이나무

1장 분석적으로 생각하기
두 눈으로 보았으니 확실하다?

2장 올바르게 생각하기
이기주의자는 자기 이익만 챙기는 사람이다?

1장

분석적으로 생각하기

두 눈으로 보았으니 확실하다?

" 이 세상에서 확신할 수 있는 것은 아무것도 없다? "

르네 데카르트
(René Descartes,
1596~1650)

데카르트의 방법론이 없었다면, 우리는 제대로 사고할 수 없었을 것이다. 그의 방법론
은 네 가지 규칙으로 구성된다. 첫째, 아무것도 당연한 것으로 인정하지 말 것. 둘째,
복잡한 문제를 단순한 문제로 쪼개서 생각할 것. 셋째, 사고할 때 단순한 문제에서 시
작해서 복잡한 문제로 옮겨 갈 것. 넷째, 빠뜨린 것이 없는지 전체적으로 다시 점검할
것. 이런 엄격하고 방법적인 사고 덕분에 그는 '데카르트적'인 인물로 역사에 길이 남
았다.

여러분은 이 세상에서 진실이라고 완벽하게 확신할 수 있는 것은 아무것도 없다는 말에 대부분 공감하시겠죠. 모든 것을 의심하는 것이 당연하고 또 그것은 지혜로운 태도로 여겨지기도 합니다.

예를 들어 착시현상만 해도 그렇습니다. 멀쩡한 막대기도 물속에 집어넣으면 마치 가운데가 부러진 것처럼 보입니다. 이럴 때 우리는 자신의 눈을 믿지 못하게 되죠.

그뿐만이 아닙니다. 오랜 세월 인간은 지구가 평평하다고 믿어왔고, 태양이 지구의 주위를 돈다는 것을 불변의 진리로 여겼습니다. 그러나 지동설이 과학적이고 공식적인 진실이 되면서 이런 믿음은 하루아침에 무너졌습니다.

게다가 우리가 죽고 난 다음 어떻게 될지 아무도 모릅니다. 심지어 우리가 언제든지 눈으로 확인할 수 있는 우리 자신의 육체조차도 믿을 수 없죠. 사지를 절단한 사람도 이미 사라진 팔이나 다리에서 가려움 같은 감각을 느낀다고 하니까요.

우리의 정신도 믿을 수 없기는 마찬가지입니다. 지금 이 순간 내가 꿈을 꾸고 있지 않다는 증거는 어디에도 없습니다. 유명한 중국의 철학자 장자가 말했듯이 우리가 사실은 인간이 된 꿈을 꾸는 한 마리 나비가 아니라고 누가 장담할 수 있겠습니까? 데카르트도 같은 말을 했습니다. 우리는 꿈 꿀 때 그것이 꿈이라는 것을 모릅니다. 이 책을 읽는 여러분 역시 지금 꿈속에서 책을 읽고 있는지, 아니면 말짱한 정신으로 깨어 있는지 절대로 확신할 수 없습니다. 정말 이 세상에는 우리가 확신할 것이 하나도 없는 것 같습니다.

과연 그럴까요?

데카르트는 적어도 하나의 사실만은 확신할 수 있다고 말합니다. 그것은 '나는 생각한다, 고로 존재한다'는 저 유명한 명제가 웅변적으로 말해줍니다. 모든 것을 의심하는 나는 의심하는 주체인 내가 존재한다는 사실만은 분명히 확신할 수 있습니다. 의심하는 내가 없다면, 의심 자체가 생길 수 없었겠죠.

예를 들어 나는 서른 살의 '줄리아'라는 이름으로 불리는 여자라는 사실을 확신할 수 없습니다. 그것은 사람들이 내게 거짓으로 알려준 정보일 수도 있으니까요. 〈트루먼 쇼〉라는 영화를 보면 어느 날부터 주인공은 주변의 사실들을 조금씩 의심하기 시작합니다. 그러다가 결국 자신도 모르는 사이에 태어날 때부터 유명한 텔레비전 리얼리티쇼의 주인공이 되었다는 사실을 발견하게 됩니다. 그의 주변에 있는 모든 사람, 그가 사는 도시의 모든 주민이 배우였으며, 그가 일상적으로 오갔던 공간 역시 영화사의 스튜디오에 불과하다는 사실을 깨닫게 된 거죠.

이처럼, 나는 모든 것을 의심할 수 있습니다. 하지만, 나와 관련된 모든 것을 의심한다 하더라도, 지금 이 순간 의심하는 나 자신만은 의심할 수 없습니다. 의심한다는 것은 사고한다는 것이고, 사고한다는 것은 적어도 어떤 의식이 있다는 뜻입니다. 따라서 내가 사고하고 있는 한, 내가 존재한다는 것은 의심할 수 없는 사실입니다.

19

이제 여러분은 이해하셨을 겁니다. '이 세상에서 확신할 수 있는 것은 아무것도 없다'고 하지만, 다행히도 우리가 확신할 수 있는 것이 하나 있습니다. 바로 의심하는 우리 자신이죠.

역설적으로 우리는 데카르트에게서 모든 것을 완벽하게 의심할 수 없다는 사실을 배웁니다. 현실은 의심의 대상이 될 수 있지만, 의심 그 자체만은 의심할 수 없으니까요!

> 나는 사실인 것처럼 보이는 모든 것을
> 거짓으로 간주한다.
>
> – 데카르트,《방법서설》

 이 주제에 관해 참고할 책
《방법서설》| 르네 데카르트 지음 | 이현복 옮김 | 문예출판사 | 1997

내가 한 번도 의심해보지 않은 믿음은 무엇인가?

"두 눈으로 보았으니 확실하다?"

르네 데카르트

(René Descartes,
1596~1650)

그가 태어난 투렌(Touraine) 지방은 오늘날 '데카르트'로 이름이 바뀌었다. 이것은 그가 얼마나 추앙받는 인물인지를 보여주는 소박한 사례이다. 어린 시절 병약했던 그는 일찍부터 남다른 지적 성향을 보였다. 이것저것 쉴 새 없이 캐묻는 그를 보고 아버지는 "우리 꼬마 철학자"라고 불렀다. 스웨덴 크리스티나 여왕의 초대를 받아 스톡홀름으로 간 그는 그곳을 "곰과 얼음과 바위의 나라"라고 묘사했다. 추운 나라에서 감기에 걸린 그는 폐렴으로 사망했다.

누군가 '내 두 눈으로 똑똑히 봤다'라고 말할 때 수사학에서는 이 표현을 '플레오나즘(pleonasm)'이라고 부릅니다. 플레오나즘은 같은 의미의 단어를 반복해서 말해서 강조하는 화법이죠. 무언가를 보려면 당연히 눈으로 봐야 하니, 구태여 '눈으로' 봤다고 말할 필요는 없는데 그렇게 강조한 겁니다. 그렇게 강조한 이유는 아마도 시각이 그만큼 중요하다는 것을 의미하는 거겠죠. 우리의 눈은 귀, 코, 입, 피부와 같은 다른 네 가지 감각기관과 마찬가지로 외부세계 현실에 대한 가장 직접적이고 명확한 정보를 제공합니다. 눈으로 본 것보다 더 정확한 증거는 세상에 없을 겁니다.

과연 그럴까요?

어떤 철학자들은 우리가 눈이 아니라 다른 것으로 세상을 지각

23

한다고 말합니다. 다른 것으로 세상을 지각한다? 그 다른 것이란 과연 무엇일까요?

데카르트는 한 덩어리의 밀랍(蜜蠟)을 가지고 자신의 주장을 증명합니다. 밀랍은 여러분도 잘 알겠지만, 꿀벌이 벌집을 만들 때 몸 밖으로 분비하는 물질입니다. 옛날에는 이것으로 양초를 만들기도 했죠.

자, 데카르트가 벌집에서 이 밀랍을 잘라내는 장면을 한번 상상해보죠. 데카르트는 노란색의 단단하고 차가운 밀랍을 손에 들고 있습니다. 냄새도 별로 나지 않습니다. 그런데 밀랍을 냄비에 넣고 열을 가하니, 색깔도 형태도 달라집니다. 고체가 아니라 따뜻한 액체로 변하고 향긋한 냄새도 납니다. 데카르트의 오관은 밀랍의 모습이 전혀 달라졌음을 확인합니다.

데카르트는 두 눈으로 조금 전과는 전혀 달라진 밀랍의 모습을 보지만, 그것이 똑같은 밀랍이라는 사실을 '알고' 있습니다.

다른 예를 하나 들어볼까요?

아이스 큐브에 물을 붓고 냉장고의 냉동칸에 넣어두었다가 꺼내면 얼음으로 변해 있습니다. 물이 단단하고, 투명하고, 차가운 얼음이 된 거죠. 조금 전의 상태와는 전혀 다르지만, 나는 그것이 같은 물이라는 사실을 분명히 '알고' 있습니다.

이처럼, 녹아버린 밀랍이나 얼어버린 물은 우리가 대상을 눈이 아니라 다른 것으로 지각한다는 증거입니다. 다시 말해 우리는 사물을 다섯 가지 감각기관 이외의 다른 것으로 지각한다는 것을 뜻합니다.

그 '다른 것'이란 과연 무엇일까요?

그것은 바로 정신입니다. 나는 얼음이 조금 전의 물이라는 것을, 녹아내리는 밀랍이 조금 전에 단단했던 밀랍이라는 것을 알고 있습니다. 내가 그것을 '보았기' 때문이 아니라, 그렇게 '추론했기' 때문입니다. 내 감각은 내게 어떤 정보를 제공해주지만, 그 정보를 분석하는 것은 뇌의 작용입니다. 만약 그것이 없다면 나는 아무것도 파악할 수 없습니다.

25

여러분은 이제 '두 눈으로 보았으니 확실하다'고 주장할 수 없음을 알았을 겁니다. 내가 같은 사물을 바라보고 있다고 추론할 수 있는 것은 내 감각기관이 아니라, 판단 능력 덕분입니다. 왜냐면 내 눈은 매번 사물을 다르게 지각하기 때문이죠.

> 밀랍에서 우리의 미각과 후각과 시각과 촉각이 지각한 모든
> 것이 변한다. 그러나 그것이 밀랍이라는 사실은 변함없다.
>
> – 데카르트, 《형이상학적 성찰》

 이 주제에 관해 참고할 책
《성찰》| 르네 데카르트 지음 | 이현복 옮김 | 문예출판사 | 1997

두 눈으로 보았으니 확실하다고 믿었으나 사실이 아닌 것으로 판명된 사례는?

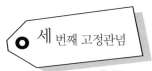
세 번째 고정관념

" 이 세상 모든 것을 겉만 보고 판단해선 안 된다? "

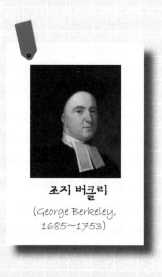

조지 버클리
(George Berkeley,
1685~1753)

모순어법처럼 들리지만, 그는 경험주의적 이상주의를 주장했다. 이 아일랜드 철학자·신학자는 물질이 추상적인 현실, 사고, 지각의 총체라고 주장했다. 왜냐면 물질은 누군가에 의해 지각되지 않는 한, 존재하지 않기 때문이다. 사물이나 물질의 본질에 대해 말하는 것은 말장난에 불과하다. 오직 그것을 지각하는 사고와 정신이 있을 뿐이다. 그것이 우리가 확신할 수 있는 유일한 사실이다.

사람들은 자주 말합니다.

"겉만 보고 판단해선 안 돼."

맞는 말입니다. 눈에 보이는 것이 반드시 진실은 아니니까요. 어떤 사물은 우리가 처음 보았을 때 지각했던 것과는 전혀 다른 모습으로 나타나는 경우가 종종 있습니다. 예를 들어 멀리서 볼 때 각이 진 것처럼 보이던 탑을 가까이 다가가서 보면 둥근 형태인 경우가 있습니다. 나뭇잎처럼 보이던 것이 알고 보면 보호색으로 위장한 메뚜기일 때도 있죠. 산에 가서 '야호!' 하고 고함을 치면 메아리가 들리면서 마치 소리가 두 곳에서 나는 것 같기도 합니다.

간단히 말해서 우리의 지각은 언제나 사실과 일치하지는 않습니다. 그러니 사물의 겉만 보고 판단하는 것은 신중하지 못한 태도일 겁니다.

과연 그럴까요?

철학자 버클리는 오히려 그와 반대되는 주장을 펼칩니다. 그는 겉모습이야말로 진실의 모습 그대로라고 말합니다. 심지어 세상에는 겉모습만 존재한다고도 말합니다. 이게 대체 무슨 말일까요?

자, 여러분이 지금 손에 쥐고 있는 이 책을 생각해 봅시다. 이 책은 무엇입니까? 정확히 말하자면 우리 지각의 총체일 뿐입니다. 책의 무게, 책의 부피, 인쇄 잉크 냄새, 손에 닿는 종이의 감촉, 책장을 넘길 때 나는 소리… 결국, 이 책은 '책'이라는 말로 통합되는 모든 겉모습의 총체를 말합니다. 이 세상 누구도 이 책이 내가 지각하는 모든 겉모습과 상관없이 완전히 독립된 독자적인 사물로 존재한다고 자신 있게 말할 수 없습니다.

다른 예를 하나 들어볼까요?

나는 방에서 밖으로 나가다가 노란색 페인트로 칠해진 문에 이마를 부딪혔습니다. 문은 분명히 존재합니다. 벌겋게 부푼 이마에서 느껴지는 통증이 바로 그 증거죠. 하지만, 버클리는 문이 그 문에 대한 나의 인식을 넘어서 존재하지 않는다고 말합니다. 그렇습니다. 문의 노란색이나 사각형의 형태는 내 시각이 포착한 정보일 뿐입니다. '나무'라는 문의 재질 역시 내 촉각의 결과일 뿐입니다. 결국, 문은 '문'이라는 이름으로 내가 종합한 모든 지각의 총체일 뿐이라는 거죠. 그리고 누구도 객관적 대상으로서의 '문'이라는 것이 내 여러 지각의 총체를 넘어서 독립적으로 존재한다고 말할 수 없다는 겁니다.

그렇다고 해서 버클리가 회의주의자들처럼 사물의 존재 자체를 의심한다는 뜻은 아닙니다. 그는 우리가 동의할 수 있는 하나의 진실을 말할 뿐입니다. 내가 어떤 '사물이 존재한다'고 말할 때, 그것은 무엇을 의미할까요? 결국, 내가 느끼고, 보고, 듣고, 만져서 확인할 수 있다는 뜻이 아닐까요? 그리고 누구라도 그것을 지각할 수 있다는 뜻이 아닐까요? 그와 달리 어떤 사물이 절대적으로, 그리고 그 자체로서 우리와 전혀 무관하게 존재한다고 생각할 수는 없다는 겁니다. 사물은 오로지 내 감각에 포착됨으로써만 존재합니다.

따라서 '겉만 보고 판단해서는 안 된다'는 말은 정확한 사실에 바탕을 두고 있다고 말하기 어렵겠죠. 버클리는 오히려 우리가 믿는 바와는 달리, 겉모습이 허위나 거짓이 아님을 밝혔습니다. 세상에 존재하는 모든 것은 우리가 보고, 만지고, 냄새를 맡고, 맛을 보고, 귀로 듣는 바로 그것뿐입니다. 그 외에 다른 어떤 것도 없습니다.

그래도 노란 문은 분명히 존재하니 무작정 걸어가서 이마를 부딪칠 필요는 없겠죠.

존재한다는 것은 지각되거나 지각한다는 것이다.

– 버클리, 《인간 지식의 원리론》

 이 주제에 관해 참고할 책

《인간 지식의 원리론》 | 조지 버클리 지음 | 문정복 옮김 | 울산대학교 출판부 | 1999

지각되거나 지각할 수 없지만 분명히 존재하는 것은 무엇인가?

" 인간의 오감은
서로 연결되어 있다? "

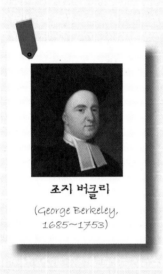

조지 버클리

(George Berkeley,
1685~1753)

그는 철학자였을 뿐만 아니라 신실한 성공회 목사였다. 그리고 사제였고, 신학 교수였고, 히브리어 교수였으며, 심지어 주교이기도 했다. 그에게는 버뮤다 섬에 학교를 세우고 인디언들을 교화할 선교사들을 교육하겠다는 꿈이 있었다. 그 꿈을 이루고자 그는 100파운드의 봉급을 받기로 하고 미국으로 떠났다. 캘리포니아 주에 있는 도시 버클리의 이름은 아메리카 인디언들에게 선교하러 왔던 그의 업적을 기리고자 그의 이름에서 따온 것이다.

우리가 '오관(五官)'이라고 부르는 다섯 가지 감각기관은 서로 연결
되어 있습니다.

　가령, 내 앞에 놓인 얼음물이 들어 있는 유리잔을 보기만 해도
나는 벌써 내 손에 와 닿을 잔의 차갑고 둥글고 매끄러운 촉감을
짐작할 수 있습니다. 솜을 보기만 해도 내 손가락에 얼마나 폭신한
촉감이 전달될지 이미 알고 있습니다. 불붙은 담배를 보면 어떤 냄
새가 풍길지 짐작합니다. 좋아하는 음식을 보고, 냄새만 맡아도 먹
고 싶은 욕구를 참기 어렵습니다. 이처럼 우리의 시각, 촉각, 후각,
미각, 청각은 서로 긴밀하게 연결되어 있습니다.

　과연 그럴까요?

　철학자 버클리는 각각의 감각이 서로 독립적으로 떨어져 있다

고 말합니다. 그는 아일랜드의 정치가이자 과학자였던 몰리뉴가 제시한 저 유명한 맹인의 수수께끼를 예로 듭니다. 몰리뉴는 친구인 존 로크에게 보낸 편지에서 선천적 맹인의 시각과 촉각에 관한 문제를 제기합니다. 즉, 한 번도 빛을 본 적이 없는 선천적 맹인이 안과 수술을 받고 나서 드디어 눈을 떴을 때 구체와 정육면체를 앞에 놓고 구분하라면, 그는 그렇게 할 수 있을까요? 다시 말해 맹인 시절에 촉각으로만 구분했던 이 두 개의 사물을 시각으로 구분해 낼 수 있을까요?

버클리는 그럴 수 없다고 말했고, 그의 말은 사실로 판명되었습니다. 오늘날 의학의 발달로 시력을 얻은 선천적 맹인을 상대로 실험한 결과, 그는 구체와 정육면체를 구분하지 못했다는 실증적인 결과가 나온 겁니다. 과거 촉각의 경험은 시각에 아무런 영향도 주지 못했고, 감각 사이의 소통이 전혀 없다는 사실이 밝혀진 거죠.

왜 이런 현상이 생기는 걸까요?

버클리는 만약 촉각과 시각 사이에 어떤 공통점이 있다면 시각을 통해 촉각의 질을 볼 수 있어야 하고, 촉각을 통해 시각의 질을 만질 수 있어야 한다고 말합니다. 그러나 촉각으로 보고, 시각으로 만진다는 것은 말이 안 되는 얘기죠. 냄새를 보거나, 소리를 맛보거나, 색을 만질 수는 없지 않겠어요?

우리의 감각 사이에 일치성이 있다면 그것은 단지 우리가 여러 가지 감각기관을 동시에 사용하고 또 습관적으로 그들 감각을 연결하기 때문일 겁니다.

　예를 하나 들어 보죠. 나는 나무의 재질을 밤색과 연결하곤 합니다. 왜냐면 습관적으로 밤색 나무를 흔히 봐왔기 때문입니다. 그러나 실제로 나무의 촉감은 밤색이라는 색깔 자체와는 아무런 상관이 없습니다.

　이처럼 버클리는 습관이 서로 다른 감각을 연결하는데, 언어도 이와 비슷한 역할을 한다고 말합니다.

　언어는 대상을 총체적으로 지칭합니다. 예를 들어 '이것은 정육면체다'라고 말할 때 이 단어를 통해 정신은 서로 다른 여러 감각을 연합하여 그 대상에 상응하는 하나의 지각으로 인지합니다.

　이제 여러분은 '인간의 오감은 서로 연결되어 있다'는 주장이 듣기에는 그럴듯하지만, 사실이 아니라는 것을 깨달았을 겁니다. 몰리뉴가 제시한 맹인의 사례는 여러 감각이 서로 독립적으로 존재할 뿐, 오로지 습관과 언어를 통해 우리 정신에서 통합된다는 사실을 실질적으로 증명했습니다.

예를 들어 하나의 소리와 하나의 색이 동시에 내 정신에
전달되면, 그것들은 내 상상 속에서 서로 연결될 수 있다.
그러나 결코 그것들이 서로 닮을 수는 없다.

– 버클리, 《인간 지식의 원리론》

 이 주제에 관해 참고할 책

《인간 지식의 원리론》| 조지 버클리 지음 | 문정복 옮김 | 울산대학교 출판부 | 1999

색을 소리로 표현하거나, 맛을 동작으로 표현할 수는 없을까?

" 증명될 수 있는 것만이 진실이다? "

버트런드 러셀
(Bertrand Russell,
1872~1970)

영국의 철학자, 논리학자, 수학자, 작가, 모럴리스트… 러셀을 정의하는 목록은 길다.
그의 가장 중심적인 사고의 하나는 과학적 철학이었다. 다시 말해 그는 육체와 정신,
인식, 외계 세계의 존재 등 중요한 주제를 논리적으로 분석했다. 그래서 우리는 그를
'분석철학의 아버지'라고 부른다.

어떤 주장이 진실이라면, 그 주장이 진실이라는 것을 증명할 수 있어야 합니다. 증명할 수 없다면, 그것은 진실이라고 할 수 없죠.

이런 명제를 생각해봅시다.

"지구는 태양의 주위를 돈다."

어떻습니까? 여러분도 이 명제가 진실이라고 믿지 않습니까? 당연히 이 명제는 진실입니다. 왜냐고요? 증명할 수 있으니까요!

과연 그럴까요?

버트런드 러셀은 "어떤 사실이 진실이라고 해서 반드시 증명할 수 있는 것은 아니다"라고 말합니다.

세상에는 증명할 수 없는 진실이 있습니다. 예를 들어 내가 "아무도 보는 사람이 없는 곳에서도 비가 내린다"라고 말한다면, 누구나 제 말을 진실로 믿을 겁니다. 그러나 아무도 비가 내리는 것을 보지 못했으니 누구도 제 말이 진실이라는 것을 증명할 수 없겠죠.

러셀이 말한 다른 예를 하나 더 들어볼까요? "지구에서 인류가 사라진다고 해도, 북극에서 적도까지의 거리는 언제나 똑같다." 물론, 이 주장은 진실입니다. 하지만 인류가 사라졌다면 이 진실을 증명할 과학자도 당연히 지구에서 사라지고 없겠죠.

이처럼, 어떤 진술의 진실과 거짓을 가르는 것은 '증명 가능성'과 무관합니다. 러셀은 또 말합니다. "분광기를 발명하기 전에는 별의 화학적 구성에 대해 아무것도 확신할 수 없는 것처럼 보였다. 별에 우리가 아는 화학요소가 포함되어 있다고 주장하거나 없다고 주장하는 것은 모두 오류로 간주했을 것이다."

그와 마찬가지로 우주 밖 어딘가에 생명체가 살고 있다는 주장은 증명할 수는 없지만, 분명히 진실이거나 거짓일 겁니다. 왜냐면 진실과 거짓은 사실에 달렸지만, 증명 가능성은 인간의 정신에 달렸기 때문입니다.

일반적으로 과학을 벗어난 영역에서 진실은 절대로 증명할 수 없습니다. 특히, 심리, 도덕, 형이상학과 같은 영역에서 더욱 그렇습니다. 어느 정신과 의사가 지금 내가 받는 심리적 고통의 원인이 어린 시절에 받은 상처 때문이라고 진단할 수는 있겠지만, 그 의사는 자기 말이 진실이라고 어떻게 증명할 수 있겠습니까? 그리고 그것을 어떻게 완벽하게 확신할 수 있겠습니까? 하지만, 그의 말은 진실일지도 모릅니다. 아니, 진실일 겁니다. 사실, 여러분이 지금 읽는 이 책에도 증명 가능한 내용은 한 줄도 없습니다. 이처럼 어떤 지점부터 우리는 '증명 가능성'의 논리를 벗어나게 됩니다. 그렇다고 해서 어떤 주장의 정확성마저 사라지는 것은 아니죠.

이런 현상은 특히 사랑하는 남녀 사이에서 흔히 목격할 수 있습니다. 사랑하는 사람은 늘 상대에게서 자신에 대한 사랑을 확인하고 싶어 하죠. 내가 상대를 사랑한다는 것은 분명한 진실이지만, 그것을 증명할 방법은 없습니다. 사랑하는 사람에게 바치는 꽃다발, 선물, 귀에 대고 속삭이는 '사랑한다'는 말, 입맞춤, 따뜻한 포옹이 모두 '사랑의 증거'라고는 하지만, 엄밀히 말해 그런 것들이 사랑을 '증명'하는 것은 아닙니다. 이처럼 사랑의 진실 역시 '증명 가능성'의 논리를 벗어나는 사례라고 할 수 있을 겁니다.

43

이제 여러분은 '진실은 증명할 수 있다'는 것이 반드시 맞는 얘기는 아니라는 사실을 알게 되었을 겁니다. 진실은 우리가 현실적인 경험을 통해 얻은 결론에만 있지 않습니다. 달리 말하면 진실은 우리가 아는 것, 혹은 알 수 있는 것에만 있지 않습니다. 그래서 진실에 도달하기가 그토록 어려운 겁니다. 그리고 다시 한 번 말하지만, 진실에 도달한다는 것은 증명 가능성과는 전혀 상관없는 일입니다.

어떤 명제가 진실이라는 것이 증명되려면 그것이 진실이라는 사실만으로는 부족하다. 우리가 그것을 진실로서 발견할 수 있어야 한다. 이처럼 '증명 가능성'이란 우리가 지식을 습득하는 능력에 달린 것이지, 객관적 진실에 달린 문제가 아니다.

– 러셀, 《철학의 과학적 방법》

 이 주제에 관해 참고할 책

《철학의 문제들》| 버트런드 러셀 지음 | 박영태 옮김 | 이학사 | 2000

증명할 수 없는 진실을 어떻게 진실로 확신할 수 있나?

" 과학적 지식은
세상을 이해하게 해준다? "

오귀스트 콩트
(Auguste Comte,
1798~1857)

그는 인간이 과학적 합리성을 통해 진보한다고 생각했다. 수학처럼 정확한 실증적 과
학은 추상적인 추론을 배제하고 오로지 사실만을 중요시하는 것을 뜻한다. 그래서 그
는 위대한 '실증주의 사상가'로 불린다. 그러나 '실증주의'라는 말은 그가 만들어낸 것
이 아니라, 18세기 프랑스의 사회주의 사상가 생시몽이 처음 사용한 용어이다. 반면에
콩트는 사회를 구성하는 여러 법칙을 치밀하게 관찰하여 '사회학'이라는 용어를 처음
사용했다.

과학은 우리가 이 세상에서 일어나는 여러 가지 현상을 설명해주고, 나아가 이 세상 자체를 이해하는 데 도움을 줍니다.

이 세상에는 왜 그토록 다양한 현상이 일어나는 걸까요? 왜 태양은 정해진 시간에 떠올라 정해진 시간에 지는 걸까요? 왜 파도는 스스로 밀려왔다 밀려가는 걸까요? 왜 허공에 떠 있는 사물은 반드시 바닥으로 떨어지는 걸까요? 과학은 이런 의문에 대한 해답을 제공합니다. 만약 과학이 없었다면 우리는 이 세상을 올바르게 이해하지 못하고, 미신과 왜곡된 믿음에서 벗어나지 못했을 겁니다.

과연 그럴까요?

철학자 오귀스트 콩트는 과학자들이 세상을 이해하지 못한다고 말합니다. 우리는 왜 지구가 도는지, 왜 물은 높은 곳에서 낮은 곳으로 흐르는지, 왜 비행기는 하늘을 날아갈 수 있는지, 물리학자가 속 시원하게 설명해줄 수 있다고 믿습니다. 그러나 콩트는 우리가 잘못 알고 있다고 말합니다. 물리학자는 비행기가 어떻게 하늘을 나는지 알고 있을 뿐, 왜 나는지는 모릅니다. 그와 마찬가지로 생물학자는 생명체가 어떻게 살아가는지는 알지만, 왜 살아가는지는 모릅니다. 천체물리학자는 지구가 왜 도는지는 모르지만, 어떻게 도는지는 알고 있습니다. 간단히 말해서 과학은 어떤 현상을 묘사하고, 설명할 수는 있지만, 그 원인을 찾아내거나 이해하지 못합니다.

그러나 '이해하지 못한다'는 것이 '무능하다'는 뜻은 아닙니다. 콩트는 그것이 오히려 발전의 징후라고 말합니다. 과학은 마치 인간처럼 유년기, 청년기, 성인기의 세 단계를 거치며 발전합니다.

첫 번째 단계는 정신의 유년기로, 자연을 연구하는 인간은 마치 어린이처럼 '왜?'라는 질문을 던집니다. 이 단계에서 정신은 '원인'을 찾습니다. 그리고 어린이처럼 주술적 사고를 택하는 경향이 있습니다. 예를 들어 폭풍은 바람의 신이 변덕을 부린 것이라든지, 파도가 이는 것은 바다의 신이 숨을 쉬기 때문이라는 식의 해석이죠. 하지만 '신학적 단계'라고도 불리는 이 단계의 해석은 성장하는 인간의 호기심을 충분히 충족하지 못합니다.

그래서 두 번째 단계인 청년기로 접어듭니다. 이 단계에서 인간의 정신은 초자연적인 설명을 버리고 대원칙을 찾습니다. 프랑스 계몽주의 철학자 디드로는 '물질'이라는 개념을 통해서, 네덜란드 유물론적 무신론자 스피노자는 '자연'이라는 개념을 통해서, 그리고 다른 여러 철학자는 '이성'이라는 개념을 통해서 모든 것을 설명합니다. 그러나 이런 개념적인 원칙들에 바탕을 둔 형이상학적 단계의 설명 또한 세월이 흐르면서 인간의 호기심을 충족하기에는 충분하지 못한 상황이 됩니다.

따라서 인간 정신은 계속해서 가설을 만들어 내기보다는 구체적인 사실 자체에 집중하게 되죠.

이 세 번째, 성인기의 단계에서는 관찰과 경험을 통해서 지식을 얻으려 하기에 콩트는 이런 단계를 '실증적 단계'라고 불렀습니다. 정신은 이제 어떤 현상이 왜 일어났는가를 설명하려고 들지 않고, 어떻게 일어나는가를 설명합니다. 어떤 현상이 발생한 유래와 과정에 대한 이런 지식은 앞으로 일어날 수 있는 현상도 예측할 수 있게 해주기에 매우 유익하다고 할 수 있죠.

이제 여러분은 '과학은 세상을 이해하게 해준다'는 주장이 그리 정확하지 않다는 것을 알게 되었습니다. 과학의 목적은 현상을 이해하는 데 있는 게 아니라, 현상을 묘사하고 예견하고, 필요하다면 그에 대응하는 데 있습니다. 따라서 왜 지구가 도느냐는 문제는 과학이 설명할 수 없는 다른 분야의 이야기가 되겠지요.

> 과학은 실제 현상들의 법칙들로 구성되어 있다.
>
> – 오귀스트 콩트, 《실증철학 강의》

 이 주제에 관해 참고할 책

《실증주의 서설》 | 오귀스트 콩트 지음 | 김점석 옮김 | 한길사 | 2001

목적 없이 수단만 존재할 수 있나?

" 과학적인 사실은
확신할 수 있다? "

칼 포퍼
(Karl Raimund Popper,
1902~1994)

전직이 목공이었던 이 오스트리아 철학자는 수학 교수, 물리학 교수를 거쳐 논리학과
과학철학 전문가가 되었다. 이 분야에 열정을 보인 그는 과학과 비과학 사이의 경계 문
제에 천착했다. 어떤 학문이나 진술이나 증거가 과학적이거나 비과학적이라고 판단하
는 근거는 무엇인가? 포퍼는 이러한 문제를 집중적으로 연구했다. 아울러 그는 사회철
학 분야에서도 비중 있는 저서를 남겼는데 《열린 사회와 그 적들》, 《역사주의의 빈곤》
등이 유명하다.

"정말이라니까! 이건 과학적이야."

우리는 대화 상대에게 자신의 주장이 사실임을 강조하고 싶을 때 흔히 이런 표현을 사용합니다.

"내 주장은 사실이야. 과학적으로도 입증된 거라고!"

그럴 때 상대는 과학적으로 증명된 거라니까, 그저 믿는 수밖에 없다고 생각합니다. 과학은 정확한 사실만을 추구하니까요.

과연 그럴까요?

어떤 철학자들은 '과학에서 확실한 것은 없다'고 말하는데 칼 포퍼가 바로 그중 한 사람입니다. 그는 심지어 반증할 수 있는 이론만이 과학이론이 될 수 있다고 말합니다. 변함없이 영원한 진리로 확인된 사실은 과학적일 수 없다는 거죠.

만약 내가 "수요일에는 비가 오거나 비가 오지 않을 것이다"라고 말한다면, 이 진술은 영원한 진실입니다. 과거나 미래의 모든 수요일이 비가 오거나 오지 않는다는 이 두 가지 가정을 입증해줄 테니까요. 하지만 포퍼는 이런 진술은 과학적이지 못하다고 말합니다. 왜냐면 아무도 반박할 수 없는 진술이기 때문이죠.

어떤 진술이 과학적인 것이 되려면 그 진술은 경험적으로 반증될 수 있어야 합니다. 그런 점에서 '모든 까마귀는 검은색이다'라는 진술은 과학적이라고 할 수 있습니다. 왜냐면 누구도 확실하게 모든 까마귀는 검다고 말할 수 없고, 언제라도 우리는 흰색 까마귀를 발견할 수 있기 때문이죠. 따라서 이 진술은 과학적입니다. 새로운 관찰에 의해 언제라도 반증될 수 있으니까요.

이처럼 과학은 반증을 통해 진보합니다. 빛을 예로 들어봅시다. 네덜란드 과학자 하위헌스는 빛이 파장이라고 주장했습니다. 그러나 뉴턴은 이 이론을 반박하고 빛이 입자라고 주장했죠. 그리고 아인슈타인은 이 두 가지 이론을 모두 부정하고 빛은 파장이면서 동시에 입자라고 주장했습니다. 이런 사례가 보여주듯이 모든 과학이론은 반증의 연속입니다.

이제 여러분은 '과학적인 것은 확신할 수 있다'는 주장이 잘못되었음을 알았을 겁니다. 어떤 철학자들은 과학에 확신이란 있을 수 없고, 단지 아직 반증되지 않은 가능성만 존재한다고 말합니다. 우리는 언제나 반증될 수 있는 이론만을 과학이론이라고 부릅니다.

과학적 지식은 그것이 언제나 진실이라는 확신을 품고 세울 수 없는 가설을 말한다.

– 칼 포퍼,《추측과 논박》

이 주제에 관해 참고할 책

《추측과 논박》| 칼 포퍼 지음 | 이한구 옮김 | 민음사 | 2001

과학과 종교의 근본적인 차이는 무엇일까?

"예술은 자연을 모방한다?"

오스카 와일드
(Oscar Fingal
O'Flahertie Wills Wilde,
1854~1900)

아일랜드 출신의 이 작가는 물론 철학자는 아니다. 그는 《도리언 그레이의 초상》이라는 명작을 후세에 남긴 것으로 유명하다. 하지만 생존 당시에 그는 요란한 댄디즘으로 런던 사교계에 물의를 일으켰고, 노골적인 동성애 성향으로 결국 법원의 판결을 받고 2년 동안 강제노역을 했다.

누구도 예술이 자연을 재현한다는 사실을 부정하지 못할 겁니다. 풍경화를 많이 그린 프랑스의 화가 카미유 코로는 가을날 시골 풍경을 그릴 때 길모퉁이에 이젤을 펴놓고 눈앞에 펼쳐진 모습을 화폭에 옮기곤 했죠. 심지어 온갖 색채의 점으로 이루어진 모네의 그림도 대부분 '인상, 해돋이'와 같은 식으로 제목을 붙였습니다. 어쨌든, 모네는 이 그림을 그릴 때 실제 자연을 바라보고 그렸으니까요.

이처럼 자연이 먼저 존재하고, 예술은 그 뒤를 따르게 마련입니다. 당연히 예술은 자연을 모방하죠. 우리 모두 그렇게 믿고 있습니다.

과연 그럴까요?

오히려 그 반대라고 주장하는 사람이 있습니다. 오스카 와일드는 예술이 자연을 모방하지 않을뿐더러, 오히려 자연이 예술을 모방한다고 말합니다. 어떻게 그런 일이 가능할까요?

그는 자연을 바라보는 시선 자체가 문화의 영향을 받는다고 합니다. 예를 들어 우리가 현실에서 만나는 아름다운 여인은 단지 바라보기에 즐겁고, 매력적이고, 미적 감각을 불러일으키는 단순한 존재가 아닙니다. 어떤 사람의 눈에는 보티첼리의 그림에 등장하는 미녀처럼 보이고, 또 어떤 사람에게는 루벤스나 프라고나르의 그림에 나오는 미녀처럼 보입니다. 심지어 어떤 영화배우나 소설의 주인공처럼 보이기도 합니다.

와일드는 예술가가 단순히 현실을 재현하는 것이 아니라, 우리에게 '드러내 보여준다'고 말합니다. 예술가가 자기 작품에서 표현하는 것은 있는 그대로의 현실이 아니라, 그 현실을 '드러낸' 것이라는 얘기가 되겠죠. 왜냐면 현실은 우리의 정신을 통해서 무언가를 의미하기 때문입니다. 인간의 정신이 없다면, 자연은 무미건조한, 침묵하는 사물에 불과하다고 와일드는 말합니다.

그래서 '바라보는 법'을 배우는 일이 매우 중요하다고 주장합니다. 어떤 사물의 아름다움이나 의미를 지각하는 것은 학습의 결과이기 때문이죠.

이런 가정을 해봅시다. 내가 만약 미술관을 자주 드나들고, 예술작품을 익히 아는 사람이라면, 어느 날 저녁 지는 해를 바라볼 때 어떤 일이 벌어질까요? 그동안 내가 보았던 터너, 고흐, 밀레,

페로프 등 화가가 그린 그림 덕분에 나는 일몰의 아름다움을 더욱 강렬하게 받아들이고, 일몰 풍경의 세세한 부분까지도 지각할 수 있겠죠.

이처럼 자연의 풍경은 이전에 그림을 통해 내 정신에 깊은 인상을 남겼기에 내 시각에도 영향을 줍니다. 다시 말해 우리가 예술을 통해 이전에 봐왔던 경험이 자연을 바라보는 방식에 반영된다는 거죠.

이제 여러분은 '예술은 자연을 모방한다'라는 주장이 너무 성급하게 내린 결론이라는 것을 알게 되었을 겁니다. 자연이 우선하고 예술이 자연을 재현하는 것이 아니라, 오히려 예술이 자연보다 먼저 자연의 진정한 현실을 보여줍니다. 우리가 그 현실을 바라보는 법을 배워야 할 이유가 거기에 있습니다.

> 우리가 보는 것, 우리가 보는 방법은 그동안 우리가
> 영향을 받았던 예술에 의해 결정된다.
>
> – 오스카 와일드, 《의향》

 이 주제에 관해 참고할 책

《오스카 와일드 예술평론》| 오스카 와일드 지음 | 이보영 옮김 | 예림기획 | 2001

처음 만난 사람이 낯익게 보일 때 그 이유는 무엇일까?

**" 취향에는
좋고 나쁜 것이 없다? "**

데이비드 흄
(David Hume,
1711~1776)

스코틀랜드 출생. 법을 업으로 삼겠다고 작정한 그는 '철학과 일반적인 지식 이외의 모든 것에 대해 견딜 수 없는 혐오감'을 느꼈다. 그는 경험주의자였다. 그는 인간의 지각이 계측할 수 있는 사실에 대한 감각과 경험과 관찰에서 비롯한다고 생각했다. 그는 칸트에게 지대한 영향을 미쳤다. 칸트는 흄이 "도그마의 잠에 빠졌던 나를 일깨워주었다"고 고백했다. 볼테르는 그를 '흄 형제'라고 불렀다.

누구에게나 자기만의 취향이 있는데, 그걸 두고 왈가왈부하는 것은 옳지 않다고 생각하죠. '제 눈에 안경'이라는 거죠. 그래서 사람들은 취향이 각자의 성향에 따라 다를 수밖에 없다고 말합니다.

어떤 사람은 힙합 음악을 좋아하지만, 어떤 사람은 끔찍하게 싫어합니다. 또 어떤 사람은 피카소의 그림에서 영감을 얻는다고 하는데, 어떤 사람은 대수롭지 않은 작품이라고 무시합니다. 바흐의 곡을 처음부터 끝까지 완벽하게 기억하는 열렬한 애호가가 있는가 하면, 어떤 사람은 세상에서 마이클 잭슨이 가장 위대한 음악가라고 단언합니다. 다시 말해 좋은 취향, 나쁜 취향이 따로 없다는 거죠. 왜냐면 취향은 지극히 개인적인 문제이니까요.

과연 그럴까요?

어떤 철학자들은 우리 생각과는 달리 취향은 그렇게 주관적이거나 자의적인 것이 아니라고 말합니다. 그 대표적인 철학자가 바로 데이비드 흄입니다. 흄은 비록 취향이 사람마다 다르긴 하지만, 객관적 기준에 따라 몇 가지로 분류할 수 있다는 것을 보여줍니다.

레오나르도 다 빈치가 그린 〈모나리자〉는 거의 모든 사람이 불후의 명작으로 인정합니다. 모차르트는 나이와 성별과 국적을 불문하고 모든 이가 천재적 음악가로 인정합니다. 호메로스는 2천 년이 넘는 오랜 세월에 수많은 사람이 인정한 인류 최고의 고전작가입니다. 이러한 사례들은 여러 사람이 같은 취향을 공유할 수 있음을 말해줍니다.

왜 그럴까요?

왜냐면 취향은 단순히 우리가 받은 인상에 달린 문제만은 아니기 때문입니다. 거기에는 개인의 선호를 넘어서는 객관적인 기준이 작용합니다. 흄은 많은 사람이 '아름다움'이라는 것에 대해 동의할 수 있는 이유는 아름다움이 단지 직접적이고 표피적인 감정의 문제가 아니라, 이성이 개입하는 문제이기 때문이라고 말합니다. 흄의 주장대로라면 아름다움은 표현되고, 이해되고, 학습될 수 있는 것입니다.

물론, 숨이 막힐 정도로 아름다운 그림을 보고도 아무런 감흥이 없는 사람도 있습니다. 내가 피카소를 좋아하지 않는다고 해서 내가 틀렸다느니, 잘못했다느니 따지는 사람은 없을 겁니다. 하지만 비록 어떤 그림을 우리 집 거실에 걸고 싶은 생각이 들지 않더라도, 누군가에게서 그 그림에 대한 자세한 설명을 듣고 나면, 화가의 생각을 이해하게 되고 또 그 그림의 가치를 인정하게 됩니다. 왜냐면 그럴 때 나는 그 그림을 '이해하게' 되었기 때문이죠.

여러분은 이제 '취향에는 좋고 나쁜 것이 없다'는 주장이 옳다고 할 수만은 없다는 사실을 알게 되었을 겁니다. 물론, 누가 뭐래도 각자의 취향은 각자의 몫이지만, 취향은 만들어지고, 학습되고 경험과 지식으로 세련된다는 사실을 부정할 수 없습니다.

흄은 우리의 판단이 마치 시계와 같다고 말합니다. 단순한 시계도 현재의 시각을 알려주지만, 아주 정교한 시계는 초 단위 이하의 시간까지도 표시하여 지극히 미세한 차이까지 알려줍니다.

그러니 모차르트 〈교향곡 40번〉이 마돈나의 〈라이크 어 버진〉보다는 더 고상한 취향의 음악이라고 말할 수 있지 않을까요?

어떤 곡을 연주할 때 재주와 실력은 그것을
평가할 때와 같은 방법으로 습득된다.

– 데이비드 흄,《취향의 기준에 대하여》

 이 주제에 관해 참고할 책

《인간의 이해력에 관한 탐구》| 데이비드 흄 지음 | 김혜숙 옮김 | 지만지 | 2010

나라와 민족마다 서로 다른 문화 사이에 놓고 낮음이 있을까?

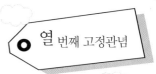

"내일은 내일의 태양이 떠오른다?"

데이비드 흄
(David Hume,
1711~1776)

그의 짧은 자서전에서 흄은 자신을 이렇게 묘사한다. "온순하고, 자신을 잘 통제하며,
명랑하고 사교적인 성격으로 사람들과 반목하지 않고 우정을 나눈다. 내가 좋아하는
것에 대해서도 적당한 열의를 보인다." 그러나 그는 프랑스 체류 시절에 자주 드나들
었던 파리의 살롱과 계몽주의자들의 백과전서파 모임에서 장 자크 루소를 만나 친구가
되었지만, 서로 심하게 다투어 사이가 틀어졌다.

매일 똑같은 일상이 반복되고, 별반 다를 것 없는 하루하루가 계속됩니다. 이것이 보통 사람의 인생입니다. 어제가 가면 오늘이 오고, 오늘이 가면 내일이 오겠죠. 그리고 내일 아침에는 수십억 년 전부터 세상의 모든 아침이 그랬듯이 새로운 태양이 떠오를 겁니다. 그렇게 또 하루가 시작됩니다. 설령 오늘 엄청난 금액의 로또에 당첨되더라도, 사랑하는 사람을 어이없이 잃더라도, 평생 잊을 수 없는 경험을 하더라도, 내일 태양이 떠오른다는 사실에는 변함이 없습니다.

과연 그럴까요?

어찌 보면 우리는 그렇게 믿을 만한 충분한 이유가 있습니다. 내일이 오고, 새로운 태양이 떠오르리라는 믿음에는 충분한 개연성이 있으니까요. 하지만 정확하게 말해서 그러리라는 '개연성'이 있을 뿐, '확신'은 없습니다. 데이비드 흄은 그 이유를 들려줍니다.

매일 아침 우리는 떠오르는 태양을 바라봅니다. 그렇게 우리 정신에서 현상 A(아침)는 현상 B(떠오르는 태양)와 서로 결합하죠. 그렇게 우리는 자동으로 이 두 현상 사이의 관계를 설정합니다.

그러나 사실 태양과 아침 사이에는 아무런 논리적 연관이 없습니다. 태양에서 출발하여 아침으로 이어지는 어떠한 추론도 불가능하고, 또 아침과 태양은 아무 상관도 없습니다. 게다가 지난 수십억 년간 매일 아침 태양이 떠올랐다고 해서 내일 아침에도 태양이 떠오르리라는 법은 없습니다.

흄은 우리가 '매일' 아침 떠오르는 태양을 수없이 보아 온 습관이 있기에 '모든' 아침에는 태양이 떠오르리라고 믿게 된다고 말합니다. 달리 말하면 우리는 반복적으로 일어나는 똑같은 사건을 일반화하는 겁니다.

예를 들어 어떤 사람이 넘어지는 모습을 보면 나는 기계적으로 그 사람의 아픔을 짐작합니다. 내 머릿속에서 넘어지는 동작과 아프다는 현상을 연결하는 겁니다. 나는 그동안 넘어지고 아파하는 모습을 주변에서 숱하게 봐왔기에, 오로지 그 습관 때문에 이 두 사건을 연결합니다.

물이 100도에서 끓는다고 생각하기에 나는 이 온도를 끓는 현상과 연결합니다. 하지만 100도라는 온도와 물이 끓는 현상 사이에는 아무런 직접적인 관계가 없습니다. 그런데도 나는 이 두 가지 현상을 마치 하나의 법칙처럼 연결합니다. 게다가 높은 곳에서는 물이 100도에서 끓지 않습니다. 몽블랑 산 꼭대기에서는 85도에서 끓고, 에베레스트 산 꼭대기에서는 72도에서 끓습니다. 따라서 내가 100도와 물의 끓는점을 연결한 것은 오로지 습관 때문입니다. 나는 100도에서 물이 끓는 것을 본 적밖에 없으니까요.

그러나 이런 연결은 '확신'이 될 수 없습니다. 흄은 확신이 의심할 수 없는 논리적 법칙에 바탕을 두어야 한다고 말합니다. 그런데 그런 법칙을 제공하는 것은 수학밖에 없습니다. 2+2=4라는 것은 어떠한 경우에도 변하지 않는 법칙입니다. 숫자 4에서 나는 2+2를 추론할 수 있고, 2+2에서 4를 추론할 수 있습니다. 내가 이런 관계를 설정하는 것은 습관이 아니라 논리적 법칙입니다.

73

이제 여러분은 '내일은 내일의 태양이 떠오른다'라는 멋진 표현이 영원한 진리라고 말할 수 없다는 것을 아셨을 겁니다. 우리는 '내일이 온다'는 현상과 '태양이 떠오른다'는 현상 사이의 관계가 확실하다고 믿지만, 사실은 정신이 반복적인 습관에 따라 자동으로 설정한 관계일 뿐입니다. 그래서 개연성이 있는 사실들을 확신하게 되는 거죠. 따라서 '내일은 내일의 태양이 떠오른다'는 것은 100퍼센트 확실한 사실이 아닙니다.

그러나 솔직히 말해서 내일 태양이 떠오르지 않으리라고 믿기는 어렵지 않을까요?

어떤 사실이 반복적으로 일어난다고 해서
거기에 어떤 법칙을 부여할 수는 없다.

– 데이비드 흄,《인성론》

 이 주제에 관해 참고할 책

《인간이란 무엇인가》| 데이비드 흄 지음 | 김성숙 옮김 | 동서문화사 | 2009

습관적으로 진실이라고 믿는 사실에는 어떤 것들이 있을까?

2장

올바르게 생각하기

이기주의자는
자기 이익만 챙기는 사람이다?

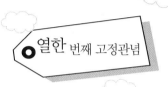
"인생에
정해진 규칙은 없다?"

임마누엘 칸트
(Immanuel Kant,
1724~1804)

칸트는 자신의 가장 유명한 저술인《순수이성비판》에서 지식의 문제를 언급한다. 그는
스스로 이렇게 묻는다. "나는 무엇을 아는가?" 지식은 이성과 감성으로 우리를 인도한
다. 그러나 신이나 영원과 같은 문제에 대한 순수한 사고는 믿음에서 비롯한다. 그래서
칸트는 말한다. "나는 믿음을 위해 지식을 버렸다."

살아가면서 우리는 어떻게 해야 올바른 선택을 할 수 있을까요?

사람들은 일반적으로 많은 이가 옳다고 여기는 의견을 따르는 것이 좋다고 말합니다. 또 어떤 사람들은 모든 것이 그 당시 상황이나 사정에 달렸으니 무엇이 전적으로 옳거나 그르다고 말할 수 없다고도 합니다. 또 다른 사람들은 삶에 무슨 규칙 같은 것이 있을 수 없으니, 그때그때 직관에 따라, 본능적인 감각에 따라 선택하는 것이 좋다고도 말합니다.

간단히 말하면 인생에는 따로 정해진 규칙이 없다는 거죠.

과연 그럴까요?

칸트는 어떤 상황에서든 우리가 절대로 잘못 판단하지 않고, 올바른 선택을 하고, 선하게 행동하게 하는 비결을 들려줍니다. 그는 무엇보다도, 행동에 두 가지 원칙이 있다는 점을 알아야 한다고 말합니다. 왜냐면 이 두 가지 원칙이 실제로 우리 모든 행동의 바탕이 되기 때문이죠.

첫 번째는 바로 도덕 원칙입니다. 언제나 선하고 옳은 것을 추구해야 한다는 원칙이죠. 이런 원칙을 따르는 행동은 욕망에 사로잡히지 않고 이성이 인도하는 대로 따르는 것을 말합니다. 다시 말해 어떤 상황에서든 아무 조건 없이 우리의 의무를 다하라는 겁니다.

두 번째는 개인적인 이익 추구의 원칙입니다. 인간의 자연적인 성향에 따라 개인의 이익을 추구하는 이런 원칙에 따라 행동하는 사람은 겉으로 선하게 보일지 모르지만, 본질적으로는 전혀 도덕적이지 못합니다.

예를 하나 들어볼까요?

우리 옆집에 거동이 불편하신 할머니가 살고 계십니다. 자주 들러 장도 대신 봐 드리고 가끔 청소도 해 드리죠. 이것은 아주 바람직한 행동입니다. 그러나 사실 마음속으로는 할머니의 유언장에 내 이름이 올라가서 할머니가 돌아가신 후에 내게도 유산이 돌아오기를 바랍니다. 외로운 할머니를 돌보는 행동은 겉으로 보기에 칭찬받을 만하지만, 절대로 도덕적이라고 할 수 없습니다. 왜냐면 개인적인 욕심에서 비롯한 사심이 개입되어 있기 때문입니다.

이처럼, 올바르게 행동한다는 것은 행동 자체의 결과에 달렸을 뿐 아니라, 의도의 순수성에도 달렸다고 봐야겠지요. 간단히 말해 도덕적으로 행동하려면 내 행동이 과연 사심 없는 이성적 판단에서 비롯한 것인지를 살펴봐야 합니다.

그렇다면, 내 의도가 순수한지 아닌지를 어떻게 판가름할 수 있을까요?

칸트는 아주 간단한 방법이 있다고 말합니다. 즉, 내 행동이 '보편적인' 의미를 담고 있는지, 다시 말해 하나의 규칙이 될 수 있는지를 스스로 물어보라는 겁니다. 왜냐면 욕망은 개인적이고 사적이지만, 이성은 보편적이기 때문입니다. 이웃 할머니의 예에서 보자면, 내 행동의 원칙은 '보편적인 것'이 될 수 없습니다. 내가 그 할머니와 똑같은 처지가 되었을 때 나 자신이 그런 일을 당하고 싶지 않으니까요. 여러분은 혹시 이렇게 말할지도 모르겠습니다.

"나이 드신 분들이라고 해서 그렇게 호락호락하지 않아요. 혼자 외롭게 버림받은 채 살아가기보다는 옆집 사람의 도움을 받고 그에 대한 대가로 유산을 좀 나눠주는 게 뭐가 나빠요?"

하지만 우리는 그런 '좋지 못한' 의도를 품고 노인들에게 접근해서 그분들의 약점을 이용하여 사리사욕을 채우는 사람들을 흔히 봅니다. 언뜻 보기에 약자를 돕는 척하는 그들의 행동은 칭찬받을 만한 것 같지만, 실제로 그것은 절대로 올바른 행동이 아닙니다.

여러분은 이제 '삶에는 정해진 규칙이 없다'는 말이 틀렸다는 것을 알았을 겁니다. 어떤 행동을 할 때 그것이 과연 올바른 행동인지를 알고 싶다면 그 행동이 이성에서 비롯한 것인지, 그리고 하나의 규칙이 될 수 있는지를 살펴보는 것으로 충분합니다.

> 네 행동의 신조가 늘 보편적인 법칙이
> 될 수 있도록 행동하라
>
> – 칸트,《순수이성비판》

 이 주제에 관해 참고할 책

《순수이성비판》| 임마누엘 칸트 지음 | 백종현 옮김 | 아카넷 | 2006

내 행동 중에 보편적인 법칙에 어긋났던 것은 어떤 것인가?

"자유롭다는 것은 마음대로 행동할 수 있다는 뜻이다?"

임마누엘 칸트
(Immanuel Kant,
1724~1804)

칸트는 인식의 문제를 집중적으로 사유하고 나서 《실천이성비판》을 통해 '나는 무엇을 해야 하는가?'라는 문제에 천착한다. 나는 내 삶을 어떻게 살아야 하는가. 칸트는 개인적인 이해관계가 아니라, 오로지 도덕률이 우리의 행동을 인도해야 한다고 말한다. 그는 "도덕이란 어떻게 하면 우리를 행복하게 할 것인가의 문제가 아니라, 어떻게 우리가 행복해질 자격이 있는가의 문제이다"라고 말한다. 그래서 후세는 그의 철학이 엄격하다고 말하는 모양이다.

더 많은 자유를 원하지 않는 사람이 있을까요?

아무 구속 없이 자기 마음대로 살고 싶지 않은 사람이 있을까요? 아마도 그런 사람은 세상에 없을 겁니다.

단 하루만이라도 완벽한 자유를 누릴 수 있다면, 그동안 꿈꾸어 왔던 모든 것을 실행에 옮겨볼 수 있겠죠? 우리는 자유롭다는 것을 우리가 원하는 것을 언제 어디서나 마음대로 할 수 있는 것, 충동이나 욕망을 마음껏 충족하는 것으로 생각합니다.

과연 그럴까요?

길게 말할 것도 없이, 만약 자유가 언제 어디서든 자기 마음대로 행동하는 것을 의미한다면, 우리는 결코 자유로울 수 없습니다. 일하기 싫다고 해서 놀기만 한다면 당장 생계가 막연해지겠죠. 이처럼 누구에게나 실현 불가능한 욕망이 있습니다.

그렇다면, 자유에는 반드시 제한이 따라야 한다는 말일까요?

어떤 철학자들은 자유가 아무런 규제도 없는 것을 의미하지 않는다고 말합니다. 자유는 우리가 스스로 어떤 규칙을 정할 때만 실현될 수 있다는 거죠.

예를 들어 칸트는 진정한 자유란 자율을 의미한다고 말합니다. 문자 그대로 자율은 스스로 법을 정하고, 자발적으로 '자유롭게' 복종하는 규칙을 정하는 것이라고 말합니다. 이 법은 이성이 지배하는 법을 의미합니다.

그렇다면, 과연 무엇이 우리를 자유롭게 할까요?

우리를 의존적으로 만드는 모든 충동과 욕망에 굴복하지 않는 것이야말로 진정한 자유라고, 칸트는 말합니다. 그는 우리가 스스로 지상 명령, 도덕적 규칙을 정하는 데 자유가 있다고 말합니다. 만약 아무 의무감 없이 마음 내키는 대로만 행동한다면, 우리는 결국 욕망의 노예가 되어버릴 것이 분명하기 때문입니다. 그것이야말로 자유의 정반대되는 상태가 아닐까요? 만약 그렇다면, 어디서나 줄담배를 피워대는 사람이 가장 자유로운 사람이라고 할 수 있을 겁니다. 그러나 우리는 그런 행동이 자유가 아니라 자율적 규칙 없는 '방종'에서 비롯했다고 말합니다.

사회 전체를 놓고 봐도 같은 이야기가 될 겁니다. 사회구성원 각자가 서로 다른 욕구에 따라 자기 원하는 대로 행동한다면, 갈

등을 빚게 될 것이 분명하고 가장 힘센 사람이 다른 약한 사람들을 억압하면서 자기 의지를 실현하려 들겠죠. 그리고 다수의 약한 사람은 힘에 굴복하여 모든 자유를 상실하게 될 겁니다. 그럴 때, 그 본질이 구속에 있는 법만이 역설적으로 각자의 자유를 보전해줄 수 있습니다.

이제 여러분은 '자유롭다는 것은 마음대로 행동할 수 있다는 뜻이다'라는 생각이 잘못되었음을 알았을 겁니다. 자유롭다는 것은 스스로 정한 법, 이성의 법을 지키는 것을 의미합니다. 자유는 자유를 누릴 자격이 있는 사람에게만 허락된다는 거죠.

자유, 자율은 스스로 정한 법을 자신에게
부과하는 것이다.

– 칸트, 《실천이성비판》

 이 주제에 관해 참고할 책

《순수이성비판》 | 임마누엘 칸트 지음 | 백종현 옮김 | 아카넷 | 2006

내가 자유와 방종을 혼동했던 사례는 어떤 것인가?

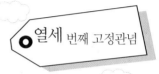

"'사람'과 '개인'은 같은 뜻이다?"

임마누엘 칸트
(Immanuel Kant,
1724~1804)

그는 동(東) 프로이센에서 태어나 평생을 그곳에서 살았다. 여기저기 돌아다니지도 않고, 규칙적인 일상 속에서 살아가며 정확하게 오가는 그를 주민들이 시계 대용으로 삼았다는 일화가 전해진다. 그는 매일 오후 네 시에 똑같은 곳을 산책했다. 전하는 바로는 40년간 계속된 이 습관에 단지 두 번 산책길을 바꾼 적이 있었다고 한다. 첫 번째는 장 자크 루소의 책을 구하러 가기 위해서였고, 두 번째는 프랑스 혁명의 소식을 들으러 가기 위해서였다고 한다.

사람을 이야기할 때 우리는 흔히 '개인'이라는 표현을 사용합니다. '개인(individual)'과 '사람(person)'이라는 말을 혼용하기도 하죠. 예를 들어 식탁에 둘러앉은 '사람 수'라고 하든, '개인 수'라고 하든, 다를 바 없으니까요. 사람은 각기 자신의 정체성을 지닌 개인이고, 개인은 곧 사물이나 동물이 아닌 사람만을 지칭하니, 사람이나 개인이나 그게 그거라고 대부분 생각합니다.

과연 그럴까요?

사람은 개인 이상의 존재입니다. 사전적 정의를 보자면 개인은 '복수로 셀 수 없는 하나하나의 인간으로서 침범할 수 없는 권리가 있는 존재'를 뜻합니다. 그런 뜻에서 개인은 국가 또는 사회를 구성하는 단위이며, 사회현상의 기본적 원동력이라고 할 수 있습니다. 특히 개인의 주장과 권리는 사회적으로 효력을 지닌다고 하지요.

반면에 사람은 근본적으로 자연인을 말합니다. 사전적 의미에서 자연인은 '성, 연령, 종교, 직업, 심신 기타 어떠한 것에 의하여도 차별 없이 평등하게 권리 능력을 지니며 인간의 존엄과 가치의 사상에 따라 신분제도도 인정되지 않는' 존재입니다.

칸트는 무엇보다도 사람이 도덕적 주체라고 말합니다. 사람으로서 살아간다는 것은 이성적이고 도덕적인 방식으로 자신의 삶을 이끌어 가고, 행동하는 것을 말합니다. 다시 말해 자신의 욕망이 아니라 이성에 따라서, 정의롭고 선한 가치에 따라 살아가는 것을 뜻합니다. 문제는 인간이 늘 이성적 판단에 따라서 '해야 할 것'과 '하고 싶은 것' 사이에서 갈등을 겪는다는 사실이죠.

예를 들어봅시다.

만약 내가 이미 다른 여자와 결혼한 남성을 사랑하고, 그 사람이 배우자와 이혼하고 나와 살기를 바란다면, 이성은 내게 그런 욕망을 버리고 그 사람의 결혼생활을 파괴하지 말라고 가르칩니다. 하지만 욕망은 그 사람의 가정이 겪을 고통은 아랑곳하지 않고 이기적으로 나만을 위해 행동하라고 부추깁니다. 이럴 때 나는 '사람'이 아니라, '개인'으로 행동하는 셈입니다. 반면에 '사람'으로서 행동한다는 것은 이기적인 동기가 작용하지 않은 처신을 말합니다. 그것은 칸트가 말했듯이 다른 사람들을 인간으로, '목적으로' 대하는 것을 뜻합니다.

바로 거기에 인간의 존엄성이 있고, 그것이 우리가 응당 그래야 하듯이 다른 사람을 존중하는 태도입니다.

이제 여러분은 "'사람'과 '개인'은 같은 뜻이다"라는 생각이 개념적으로 선명하지 않다는 사실을 알았을 겁니다. 개인의 가치와 사람의 가치는 다릅니다. 칸트는 도덕적 가치를 지니고, 이성의 법에 따라 행동하며 타인을 수단이 아니라 목적으로 대하는 존재가 바로 사람이라고 말합니다. 반면에 개인은 도덕적 차원보다는 사회적 차원의 권리가 보장된 법적 존재로서 도덕성과는 무관합니다.

93

이성적 존재를 사람이라고 부른다. 왜냐면 그들의 본성이 그들을 목적으로 지목하기 때문이다. 그것이 바로 우리를 마음 내키는 대로 행동하지 못하게 하는 한계로 작용한다.

– 칸트,《도덕 형이상학 원론》

 이 주제에 관해 참고할 책

《도덕 형이상학 원론》| 임마누엘 칸트 지음 | 이규호 옮김 | 박영사 | 2004

내가 '사람'이 아닌 '개인'으로 행동한 사례는 어떤 것인가?

" 얼굴은
이목구비의 집합이다? "

에마뉘엘 레비나스
(Emmanuel Lévinas,
1906~1995)

리투아니아 출신 유대인으로 프랑스로 귀화했다. 2차대전 당시 군에 입대하여 전쟁포로가 되었고, 5년 동안 포로수용소에서 강제노동했다. 그리고 그의 아내인 오스트리아 출신 음악가 레이사 등 온 가족이 아우슈비츠에서 학살되었다. 이런 개인적인 배경이 그의 사고가 타인이나 타인에 대한 책임의 문제에 천착하게 된 원인 가운데 하나가 되었을 것이다. 그의 철학은 인식의 주체인 '나' 중심으로 한 존재론에 반대하여 나와 절대적으로 다른 '타자'를 향한다. 이러한 사고는 인간의 인간성을 말하는 철학, 비인간성 앞에서 윤리에 대해 성찰하는 철학으로 발전했다. 서구 철학의 전통에 대한 철저한 비판에 바탕을 둔 그의 사상은 데리다를 포함하여 포스트모더니즘 사상가들에게 큰 영향을 끼쳤다.

우리가 낯선 사람을 대할 때 처음 시선이 가는 곳은 바로 그 사람의 얼굴입니다. 그의 눈, 코, 입, 귀… 우리는 누군가의 이목구비를 보고 그 사람이 누구인지를 가려냅니다.

그와 마찬가지로 누군가의 얼굴을 그릴 때 우리는 그의 이목구비를 그립니다. 눈의 형태, 이마의 높이, 턱의 선 등을 그려넣습니다. 그래서 얼굴은 이목구비가 대표하는 모습이라고 할 수 있습니다.

과연 그럴까요?

우선, 얼굴은 '표정'을 통해 우리가 나름대로 타인을 파악하는 정보를 제공합니다. 여기서 철학자 에마뉘엘 레비나스는 한 걸음 더 나아갑니다. 그는 얼굴이 '노출된 상태'에 있기에 부서지기 쉬운 인간의 연약함을 드러내고, 따라서 같은 인간에 대한 우리의 공격성을 약화시킨다고 말합니다. 사실, 얼굴은 우리 신체에서 가장 노출된 부위로서 이면에 아무것도 감추고 있지 않습니다. 이 '벌거벗음'에서 인간의 허약함을 느낀다고, 레비나스는 말합니다.

우리는 영화에는 자주 이런 장면을 보게 됩니다. 아주 고전적인 장면이죠. 권총을 희생자의 이마에 겨누고 있던 범죄자가 최후의 순간에 방아쇠를 당기지 못하고 망설이다가 결국 살인을 포기합니다. 살인을 하면 안 된다는 메시지가 희생자의 그 나약한 얼굴에 쓰여 있기라도 하듯이, 희생자의 얼굴을 바라보는 범죄자의 시선이 떨립니다.

물론, 누구나 타인의 얼굴을 보기만 하면 당연히 선한 마음이 든다는 말은 아닙니다. 타인의 얼굴을 똑바로 바라보면서 비열한 짓을 하는 사람도 얼마든지 있으니까요. 그러나 심지어 악행을 저지를 때에도 타인의 얼굴을 보는 것과 보지 않는 것 사이에는 큰 차이가 있습니다.

이런 가정을 한번 해보죠. 모든 사람이 얼굴을 가린 채 살아간다면 그 사회는 어떻게 될까요? 혹시 훨씬 더 타락하고, 부도덕하고, 폭력적인 사회가 되지 않을까요?

레비나스가 말하고 싶은 것은 타인의 얼굴을 봄으로써 내게 책임감이 생긴다는 겁니다. 타인에 대한 존중, 배려와 같은 도덕적 가치들은 외부에서 오는 것이 아니라, 바로 우리 내면에서 형성됩니다. 도덕적 가치는 내가 타인의 얼굴을 통해서 그와 맺는 직접적인 관계, 타인의 허약함과의 대면에서 생긴다고, 레비나스는 말합니다.

이제 여러분은 '얼굴은 이목구비의 집합이다'라는 설명에 별로 설득력이 없다는 것을 알았을 겁니다. 얼굴은 단순히 우리가 사물처럼 바라보는 일종의 마스크가 아니라, 매우 의미 있는 윤리적 체험이기 때문이죠.

우리가 얼굴과 맺는 관계는 무엇보다도 도덕적이다.
얼굴은 우리에게 타인을 죽일 수 없다고 말한다.
아니, 적어도 얼굴의 의미는 살인하지 말라는 데 있다.

– 레비나스, 《존재에서 존재자로》

이 주제에 관해 참고할 책

《존재에서 존재자로》| 에마뉘엘 레비나스 지음 | 서동욱 옮김 | 민음사 | 2003

나는 어떤 행동을 할 때 상대방의 얼굴을 바라볼 수 없었나?

" 자애심이 강한 사람은 자기만 생각하는 사람이다? "

장 자크 루쇼

(Jean-Jacques Rousseau,
1712~1778)

이 스위스 사상가가 선호하는 주제는 인간과 사회와 교육이다. 그의 어려웠던 어린 시절을 생각해보면 그런 경향은 우연이 아닌 듯싶다. 그가 태어난 지 열흘 만에 어머니가 세상을 떠났고, 열 살 때 아버지는 그를 버렸다. 열여섯 살 때 교구 신부는 그를 후견인이 된 바렌스 남작 부인에게 맡겼고, 결국 그녀는 그의 연인이 되었다.

자기를 사랑하는 사람은 자기중심적이고 나르시시즘이 있다는 말
에 여러분은 대부분 공감할 겁니다. 자애심이 강한 사람은 오로지
자신에게만 모든 관심이 쏠려 있어 남을 돌아볼 여유가 없을 테니
까요. 이런 사람은 곁에 누가 있든 없든, 남들이 옆에서 죽든 말든
상관하지 않을 것 같습니다. 왜냐면 그에게 타인은 자기 삶의 영역
에서 아무 의미 없는, 있으나 마나 한 존재니까요.

과연 그럴까요?

루소는 자신을 사랑한다는 것이(자신을 높게 평가한다는 의미에서)
절대로 자기중심적인 태도가 아니라고 말합니다. 왜냐면 자기를
사랑한다는 것은 자신의 내면에 갇혀 있다는 뜻이 아니라, 오히려
다른 사람들을 향해 열려 있음을 의미하기 때문입니다.

그렇습니다. 오직 자기 자신에게만 집중한 상태로 살아간다면, 어떻게 자신을 사랑하고 자신을 높게 평가할 수 있겠습니까? 자신의 고유한 가치를 발견하고 자신을 호의적으로 평가하려면, 다른 사람들과 교류하는 일이 반드시 필요합니다.

만약 아무도 나를 인정하거나 자랑스럽게 여기지 않는다면, 내가 어떻게 나 자신을 인정하고 자랑스럽게 여길 수 있을까요? 아무도 나를 마음에 들어 하지 않는다면, 어떻게 내가 내 마음에 들겠습니까?

학교 시험에서 좋은 성적을 받은 학생은 자신이 자랑스럽고 스스로 좋은 평가를 하게 됩니다. 반면에 아무런 객관적 평가 없이 혼자서 자신을 최고라고 믿고 있다면, 그것은 자기 안에 갇힌 사람의 자의적인 생각일 따름입니다. 선생님이 우수함을 인정해 주었기에 그 학생은 자신을 자랑스럽게 여길 수 있고, 자신감을 얻으며 자신을 높이 평가할 수 있죠.

다른 사람에 대한 사랑이 자신에 대한 사랑에서 시작되는 이유는 자신에 대한 사랑이 자연스럽게 다른 사람에 대한 관심으로 이어지기 때문입니다. 오늘날 심리학자들은 이 점에 모두 동의합니다. 남에게서 사랑과 칭찬을 받음으로써 우리는 자신을 사랑하게 되고, 이어서 남도 사랑할 수 있게 됩니다.

여러분은 이제 '자애심이 강한 사람은 자기만 생각하는 사람이다'라는 주장이 편견에 불과하다는 것을 아셨을 겁니다. 루소가 이

점을 잘 설명했듯이, 자신에 대한 사랑은 다른 사람들을 통해서만 가능합니다. 우리는 다른 사람을 위해, 다른 사람과 함께 하는 일을 통해 자신을 실현하고, 자신을 존중하게 됩니다. 이기적인 사고를 극복해야 나 자신이 어떤 존재인지를 발견할 수 있고, 내가 응당 받아야 할 좋은 평가를 스스로 인정할 수 있습니다.

자신에 대한 사랑은 역설적으로 나로 하여금 다른 사람을 향해 마음을 열게 하고, 나 자신 안에 갇혀 있지 않게 해줍니다.

> 자기 자신에 대한 사랑은 인류애와 미덕을 낳는다.
>
> – 루소, 《인간불평등기원론》

 이 주제에 관해 참고할 책

《인간 불평등 기원론》| 장 자크 루소 지음 | 주경복 옮김 | 책세상 | 2003

나 자신을 사랑하지 않았던 때는 언제였나?

" 자기애(自己愛)는 자애심(自愛心)이다? "

장 자크 루소

(Jean-Jacques Rousseau,
1712~1778)

교육에 관한 저서 《에밀》에서 그는 독서보다는 체험에 바탕을 둔 학습을 주장했다. '자연을 이해하는 것'으로 충분한 어린이가 잘 자라도록 하려면 교육도 그에 합당해야 한다는 것이 그의 생각이었다. 하지만 당시 그는 다섯 명의 자식을 공공기관에 맡긴 상태였다. 아빠로서 그리 모범적인 사람은 아니었다고 할까?

우리는 대부분 자기애(l'amour-propre)를 문자 그대로 ‘자기 자신에 대한 사랑’으로 알고 있습니다. 다시 말해 자애심(l'amour pour soi)과 같은 의미라고 생각합니다.

　그러나 자기애는 일종의 이기심입니다. 자기에게 이로운 것, 자기를 돈보이게 하는 것, 그래서 자기를 행복하게 하는 일에 집착하는 것이 자기애입니다. 그런 점에서 자기애는 남보다 자신을 앞세우는 배타적이고 자기중심적인 욕구에서 비롯하겠지만, 그런 욕구 역시 자기를 사랑하는 자애심에서 출발했으니 자기애는 자애심과 같은 것일 수밖에 없습니다.

　과연 그럴까요?

　어떤 철학자들은 자기애가 자애심과 아무 상관 없다고 말합니다. 얼핏, 이런 주장은 모순처럼 보입니다. 자기를 위하고, 자기에게 이로운 것을 얻으려는 마음이 자신에 대한 사랑과 무관하다는 주장은 이해하기 어렵습니다. 하지만 철학자들이 그렇게 주장하는 데에는 나름대로 이유가 있습니다.

루소는 자애심이 자신을 이롭게 하고, 쾌적하게 살며, 자신과 조화를 이루려는 마음이라고 말합니다. 나는 내 몸과 정신을 돌보고, 내 삶을 보전해야 합니다. 따라서 자기를 사랑한다는 것은 자신을 보호하는 일, 자신을 돌보는 일이기도 합니다. 이처럼 자애심은 자신에 대한 자연스러운 호의에서 시작됩니다.

그러나 자기애는 그와 정반대라고, 루소는 말합니다.

왜 그럴까요?

왜냐면 자기애는 자신을 향한 자연스러운 감정이 아니라, 다른 사람들과의 관계에서 경험하는 사회적 감정이기 때문입니다.

다시 말해 사회적 동물인 인간은 늘 다른 사람들과 함께 살아가고, 주변 사람들과 자신을 비교하게 됩니다. 그리고 필연적으로 다른 사람들에게서 인정받고, 존경받고 싶어 합니다. 게다가 인간은 누구나 자신을 대단한 존재로 여기는 경향이 있습니다. 실제로 대단한 사람이든 아니든 상관없이 누구에게나 그런 면이 있다는 거죠.

예를 들어볼까요?

사람들로 붐비는 저녁 모임에 참석했을 때 나는 그곳에 있는 모든 여자 중에서 가장 아름답고, 가장 매력적이며, 가장 재미있는 여자로 비치기를 원합니다. 그것은 스스로 자신을 호의적으로 대하는 것과는 전혀 다릅니다. 그것은 오만이며, 우월감이며, 자기보다 나은 사람들에 대한 질투심일 뿐입니다.

다른 예를 들어보죠.

직장에서 상사나 동료가 내가 업무상 저지른 이러저러한 잘못을 들춰내면, 나는 그의 비판을 순순히 인정하지 않고, 화가 나서 입을 다물어버리거나 반발하여 소리를 지릅니다. 그러나 그들은 나의 자애심을 건드린 것이 아니라, 나의 오만, 내가 늘 옳다는 생각, 내 허영심을 건드린 것뿐입니다.

이제 여러분은 '자기애는 자애심이다'라는 생각이 잘못되었음을 알았을 겁니다. 자기애가 자신에 대한 자연스럽고 호의적인 감정이 아니라고 했던 루소의 말은 맞는 것 같습니다. 왜냐면 자기애는 오히려 자애심과 반대되는 모습으로 나타나기 때문입니다. 오만과 질투와 다른 부정적인 감정의 근원인 자기애는 자신에게 해가 될 뿐, 자신을 사랑하는 결과를 낳지 못합니다. 자기애는 우리로 하여금 오직 자신만이 우월한 존재라고 믿게 하고, 다른 사람들을 적대시하게 만들기 때문입니다.

그러나 이 세상에서 누구도 주변 사람들을 완전히 무시하고 살아갈 수는 없습니다. 여러분은 그런 사람을 본 적이 있습니까?

자애심은 타인과의 갈등이 아니라 타인을 향한 동정심이며, 발전적인 원동력이다. 이것은 사회 상태에서의 사회관계, 대인관계 때문에 생긴 자기애와 구분된다. 즉, 사회 상태에서 생긴 자기애는 인위적인 감정이며, 악덕을 낳는 바탕이 된다. 진정한 욕구가 충족되었을 때 자애심은 흡족한 상태에 이른다. 그러나 자기애는 그렇지 않다. 자기애는 타인이 자기보다 우리를 선호해야 충족되는데, 그것은 불가능한 일이기 때문이다.

– 루소, 《에밀》

 이 주제에 관해 참고할 책
《에밀》 | 장 자크 루소 지음 | 김중현 옮김 | 한길사 | 2003

내가 자기애 때문에 했던 행동에는 어떤 것이 있을까?

"이기주의자는
자기 이익만 챙기는 사람이다?"

애덤 스미스
(Adam Smith,
1723~1790)

그는 계몽주의 사상가였다. 스코틀랜드의 아주 작은 마을에서 유복자로 태어났다. 옥스퍼드 대학에 들어갔으나 당시 평판이 별로 좋지 못했던 데이비드 흄에 대한 존경심 때문에 대학에서 거의 쫓겨나다시피 했다.

말년에 '경제학의 아버지'로 불리게 되었으며, 근대경제학, 마르크스 경제학은 스미스의 《국부론》에서 출발했다. 그는 처음으로 경제학을 이론·역사·정책에 도입하여, 체계적 과학으로 이룩했고, 중상주의 비판을 통해 부(富)는 금이나 은만이 아닌 모든 생산물이라고 규정하고, 노동의 생산성 향상이 국민의 부의 증대라고 보아 생산에서의 분업을 중시했다.

이기주의는 평판이 나쁜 악덕 가운데 하나입니다. 이기주의자는 자기만 생각하고 오직 자신의 이익에 따라 행동하기 때문에 별로 가까이하고 싶지 않은 사람이죠.

이기주의자의 가장 큰 악덕은 좋은 사회를 구성하는 기본적인 가치, 즉 다른 사람에 대한 이해나 배려가 결핍되었다는 점입니다.

과연 그럴까요?

애덤 스미스는 이기주의가 미덕이 될 수도 있다고 말합니다. 왜냐면 이기적인 사람은 자신도 모르는 사이에 남을 위해 행동하게 되니까요.

빵집 주인은 마을 사람들의 영양 상태를 걱정하고 그들을 먹여 살리기 위해서가 아니라, 돈을 벌려고 빵을 만듭니다. 빵집 주인이 열심히 일하는 것은 도덕성이나 인류애 때문이 아니라 생계를 유지하기 위해서입니다. 그것은 너무도 당연한 일입니다. 하지만 그가 마을 사람들의 건강 유지에 이바지하는 것도 사실이죠.

가격을 할인하여 판매하는 대형 슈퍼마켓도 마찬가지입니다. 물건을 더 많이 팔아서 더 많은 돈을 벌려는 경영자의 이익 추구가 그런 결정을 하게 했지만, 간접적으로는 소비자의 구매력을 그만큼 높아지게 한 겁니다. 이익을 더 내려는 경영자의 개인적인 욕심이 소비를 진작시킨 셈인데, 그것은 사회를 위해서도 좋은 일이겠죠.

오로지 개인적인 성공과 영광만을 꿈꾸며 창작하는 예술가도 그런 목적과 노력을 통해 명작을 만들고 새로운 예술사조를 창시할 수도 있습니다. 누가 그걸 불평하겠습니까?

이처럼, 이기적인 사람은 자신도 모르는 사이에 공공의 이익에 이바지합니다. 애덤 스미스의 표현을 빌리자면, '보이지 않는 손'이 공동체의 조화를 실현하고 일반의 이익을 최선의 형태로 조절하는 역할을 합니다.

애덤 스미스는 이익을 창출하는 어떤 사회도 인간의 욕구와 오만과 허영, 그리고 국가의 상업과 풍요와 번영에 유리한 다른 이기적 경향에 바탕을 두지 않을 수 없다고 말합니다.

이제 여러분은 '이기주의자는 자기 이익만 챙기는 사람이다'라는 주장이 반드시 옳지만은 않다는 것을 알았을 겁니다. 별로 존중할 구석이 없는 이기심이라는 악덕에도 나름대로 공적인 유용성이 있습니다. 왜냐면 개인의 이기심은 공동체의 삶에 필수불가결한 원동력이기 때문이죠.

그러나 성급한 결론을 내려서는 안 됩니다. 애덤 스미스는 개인의 이기심이 사회의 발전에 어떻게 이바지하는가를 말했을 뿐, 절대로 사적인 영역에서 이기심의 가치를 정당화했던 것은 아닙니다.

117

우리가 저녁식사를 할 수 있는 것은 정육점, 양조장, 빵집 주인의
자비심 덕분이 아니라, 그들이 추구하는 이익 덕분이다.

– 애덤 스미스, 《국부론》

 이 주제에 관해 참고할 책
《국부론》 | 애덤 스미스 지음 | 유인호 옮김 | 동서문화사 | 2008

남에게 도움이 되었던 나의 이기적 행동은 어떤 것이었나?

"민주주의는 독재에 반대한다?"

알렉시스 드 토크빌
(Alexis de Tocqueville,
1805~1859)

철학자이자 역사가인 토크빌은 프랑스 대혁명과 미국 민주주의에 대한 분석으로 유명하다. 그는 말했다. "모든 인민은 평등을 원하고, 그것은 인류의 발전을 의미하지만, 평등이 반드시 자유를 보장해주지는 않는다. 따라서 우리가 평등의 이름으로 무언가를 말할 때 매우 조심해야 한다."

우리는 민주주의가 독재정치에 반대되는 개념이라고 굳게 믿고 있습니다.

민주주의는 자유, 평등, 정의를 바탕으로 성립하여 각 시민의 권리를 존중하는 체제입니다. 시민의 의지를 존중하고, 시민의 손으로 대표자를 선출하며, 한 사람 혹은 몇몇의 지도자가 아니라 다수 대중이 주인이 되는 정치체제입니다.

민주주의가 독재와는 아무 상관없다는 주장에는 누구도 이의를 제기하지 않을 겁니다. 게다가 얼마나 많은 민주 투사가 독재에 항거하여 목숨을 잃었습니까?

과연 그럴까요?

어떤 철학자들은 민주주의가 독재로 이어질 수 있다고 말합니다. 아니, 적어도 권력의 전횡으로 직결될 위험이 있다고 말합니다.

예를 들어 민주주의의 철저한 신봉자 토크빌은 민주주의가 선(자유)만이 아니라, 악(폭정)을 낳을 수도 있다고 경고합니다. 민주주의가 독재정치로 변질할 위험이 늘 도사리고 있다는 거죠.

왜 그럴까요?

왜냐면 민주주의 체제에서는 개인이 너무 왜소해진 반면, 국가는 너무 강력하고 비대해지기 때문입니다. 이전의 봉건 군주제가 무너지고 계급 체제에서 해방된 개인은 이제 모두 평등한 권력을 지니게 되었지만, 정치적으로는 마치 거대한 기계의 작은 부속처럼 미미한 존재가 되어버렸습니다. 그래서 토크빌은 민주주의 체제에서 개인이 자신의 사적인 관심사에만 집착하고, 공공의 일에는 무관심해지는 현상을 우려했습니다.

그의 우려는 근거 없는 걸까요?

그렇지도 않은 것 같습니다. 예를 들어 오늘날 각종 선거에서 기권표가 점차 늘어나고 투표율이 현저하게 낮아지는 현상을 보면 그의 말에 충분한 설득력이 있는 것 같습니다.

만약 우리가 집단의 문제에 덜 개입한다면 어떤 결과가 올까요?

국가에 모든 것을 맡겨 버리면, 국가는 더욱 비대해지고 너무 강력해지겠죠. 그렇게 민주주의는 독재로 변질할 수 있습니다. 개인은 공공의 일에서 멀어지고, 국가는 사람들의 사회적 삶을 규정하는 규칙들을 끊임없이 만들어내고, 결국 민주주의의 모든 장점이 사라지게 하는 강력한 권력의 통제가 들어서게 되겠죠.

우리에게 부과되는 세금이나 사회적 책임을 국가가 결정하고, 개인이 하고 싶은 일을 할 수 없게 한다든가(자유의 억압), 어떤 직업에 대한 특권을 금지한다든가(평등 원칙의 위반), 권력의 남용으로부터 우리의 일반적인 권리를 보호하는 가능성을 위협하는(법과 정의의 훼손) 등의 사태가 벌어질 수 있습니다. 그럴 때 자신이 뜻한 대로 살아갈 수 없게 된 개인은 국가에 반발하겠지만 때는 이미 늦어버린 겁니다.

이제 여러분은 '민주주의는 독재에 반대한다'는 주장이 반드시 옳지만은 않다는 사실을 알게 되었을 겁니다. 민주주의는 자유를 지키는 파수꾼이 아닙니다. 민주주의가 옹호하는 개인주의를 경계하여 권력이 집중되는 것을 막고, 국가가 전권을 휘두르지 못하게 해야 합니다. 다시 말해 민주주의를 운영하는 데에는 경각심이 필요하다는 겁니다. 민주주의는 이상적인 정치체제를 위한 필요조건일 수는 있지만, 충분조건은 아니라는 점을 잊어선 안 됩니다.

> 평등이 구속으로 갈 것인지, 자유로 갈 것인지, 개명으로 갈 것인지, 야만으로 갈 것인지, 번영으로 갈 것인지, 빈곤으로 갈 것인지는 오로지 국가에 달린 일이다.
>
> – 토크빌,《미국의 민주주의》

 이 주제에 관해 참고할 책

《미국의 민주주의》1, 2 | 알렉시스 드 토크빌 지음 | 임효선·박지동 옮김 | 한길사 | 1997

역사적으로 민주주의가 독재정치로 이어졌던 사례에는 어떤 것이 있나?

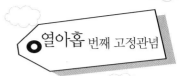

" 마키아벨리즘은
사악한 이념이다? "

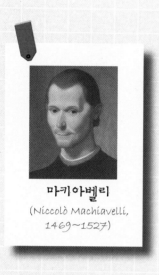

마키아벨리
(Niccolò Machiavelli,
1469~1527)

르네상스 시대 철학자이며 정치인이었던 그는 유명한 저술《군주론》을 통해 자신의 실제 경험을 이론화했다. 그는 인간의 미덕에 대해 어떤 환상도 품지 않았으며, 인간 본성에 대한 염세적 시선은 그를 자주 도덕 감각을 상실한 냉소적인 인물처럼 보이게 했다. 하지만 그의 저술은 오히려 그가 공공의 선을 최우선으로 생각한 정치가였음을 보여주었다.

여러분 가운데 누구도 '마키아벨리 같다'는 말을 듣고 싶지 않을 겁니다.

일반적으로 우리는 신의 없고, 음모를 꾸미고, 남을 조종하려 들고, 목적 달성을 위해 어떠한 비열한 짓도 서슴지 않는 사람의 대명사로 마키아벨리를 지목합니다.

간단히 말해서 '마키아벨리적이다'라는 평가는 그리 명예롭지 못한 것이 사실입니다.

과연 그럴까요?

실제로 이 말은 전혀 잘못 사용되었습니다.

우선, '마키아벨리즘'이라는 용어는 아무에게나 적용되지 않습니다. 우리가 길에서 흔히 만날 수 있는 평범한 사람과는 아무 상관없는 말이라는 뜻입니다. 철학자 마키아벨리는 오로지 '정치가'라는 매우 특별한 사람들만을 대상으로 자신의 사고를 전개했기 때문입니다.

마키아벨리는 국가의 이익을 위해서는 정치가가 '자신의 말과 상반된 행동을 할 수도 있고, 관용이나 인류애에 어긋나는 행동을 할 수도 있다'고 말했습니다. 참 엄청난 주장입니다. 국가의 이익을 위해서라면 어떤 악행을 저질러도 상관없다는 말처럼 들립니다.

그러나 이런 주장을 성급하게 판단해서는 안 됩니다. 마키아벨리가 말하는 정치의 최종 목적은 백성 혹은 시민의 평화와 행복이라는 점을 기억해야 합니다. 바로 그런 목적에서, 그리고 오로지 그런 도덕적인 목적에서만 통치자는 자신이 효율적이라고 판단한 모든 수단을 동원할 수 있다는 겁니다. 심지어 그 수단이 도덕적인 원칙에 어긋난다고 하더라도 말입니다.

소위 '정당한' 전쟁을 예로 들어 봅시다. 전쟁 그 자체는 절대 바람직하지 않지만, 어떤 경우에는 도덕적인 목적으로 전쟁을 치를 수도 있습니다. 예를 들어 더 많은 사람의 평화를 위해서 전쟁이 필요할 수도 있다는 뜻입니다. 도덕적으로 칭송할 만한 일은 아니더라도, 더 나쁜 상황을 피하려면 전쟁이 필요할 수도 있습니다. 나라가 적에게 침략을 당했을 때 적을 비난만 하고 있어야 할까요, 아니면 스스로 방어해야 할까요?

비록 마키아벨리는 정치를 구체적이고 효과적이며 실용적인 실천의 대상으로 삼았지만, 거기에 모든 가치가 배제된 것은 아니었습니다. 오히려 그는 '모든 사람의 이익'이라는 도덕적 목적을 설정했습니다. 다시 말해 정치인은 오로지 더 큰 재앙을 막으려는 목적으로만 도덕적 대원칙에 어긋나는 행동을 할 수 있다는 거죠.

이제 여러분은 '마키아벨리즘은 사악한 이념이다'라는 편견을 버렸을 줄로 믿습니다. 마키아벨리를 둘러싼 나쁜 평판과 그의 철학은 '마키아벨리적'이라는 말을 가장 부정적인 표현 가운데 하나로 만들었습니다. 그러나 '마키아벨리적'이라는 표현이 내포한 본연의 의미를 따져보면 최대 다수를 위해 최선을 추구하는 실질적 가치가 있는 사고라는 점을 명심해야 합니다.

물론, 마키아벨리는 칸트를 몰랐고, 목적이 수단을 정당화할 수 없다는 그의 주장도 알지 못했습니다. 정치에는 도덕이 알 수 없는 독특한 이유가 있는 걸까요? 이 문제에 대한 답은 여러분이 직접 찾아보시기 바랍니다.

정치의 목적은 국가의 안정과 백성의 행복이다.

– 마키아벨리,《군주론》

 이 주제에 관해 참고할 책
《군주론》| 마키아벨리 지음 | 강정인 옮김 | 까치 | 2008

역사적으로 정당한 전쟁이나 다수의 평화를 위해 비도덕적인 선택을 한 사례에는
어떤 것이 있나?

3장

근본적으로 생각하기

일에 얽매이면 자유롭지 못하다?

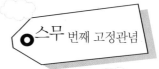

시간은 객관적으로 측정할 수 있다?

아우렐리우스 아우구스티누스

(Aurelius Augustinus,
354~430)

신앙심이 깊은 베르베르족 어머니(성녀 모니카)의 아들로 지금의 알제리에서 태어난 아우구스티누스는 그가 후일 《고백록》에서 고백했듯이 다소 방탕한 젊은 시절을 보냈다. 그러나 32세라는 늦은 나이에 기독교에 귀의하여 위대한 신학자가 되었으며 서양에서 가장 많이 읽히는 저작 가운데 하나를 남겼다. 그는 사랑에 관해서도 아름다운 글을 많이 남겼다. "인간은 사랑하지 않고는 견딜 수 없는 존재이며, 윤리적인 선악은 그 사랑이 무엇을 향했는가에 따라 결정된다."

시간은 인간이 어떻게 해볼 수 없는 대상입니다. 시계의 초침과 분침이 똑딱거리며 끊임없이 가듯이 시간은 우리와 무관하게, 우리가 원하지 않아도 자기 리듬과 박자에 따라 쉬지 않고 흘러갑니다. 게다가 한번 흘러가면 다시는 돌아오지 않죠.

135

그러나 우리는 시간을 객관적으로 측정할 수 있습니다. 시곗바늘이 가리키듯이 우리는 시, 분, 초와 같은 단위로 시간을 균등하게 나눠서 측정하는 것이 가능합니다. 만약 그렇지 않다면, 어떻게 달력을 만들고, 역사를 기록하고, 다른 사람과 만날 약속을 정하고, 자기 나이를 알 수 있겠습니까?

어린 시절, 우리는 학교에서 시간이 과거와 현재와 미래로 되어 있다고 배웁니다. 국어 문법 시간에 시제를 배울 때 선생님은 칠판에 수평으로 직선을 긋고, 끝에 화살촉을 그리신 다음, 점 세 개를 찍어놓습니다. 그리고 현재를 중심으로 화살표 방향에 있는 점은 미래, 그 반대편에 있는 점은 과거라고 말씀하시죠. 그렇게 우리는 과거시제, 현재시제, 미래시제를 배웠습니다.

이처럼, 시간은 미래를 향해 끝없이 흘러가고, 인간은 시간을 잘게 쪼개서 측정합니다.

과연 그럴까요?

고대 철학자 아우구스티누스는 시간이 객관적으로 측정할 수 있는 단위가 아니라, 인간의 의식 자체라고 말합니다.

그리고 과거도 현재도 미래도 실제로 존재하지 않는다고 말합니다. 과거는 흘러가 버렸으니 이미 존재하지 않고, 미래는 아직 오지 않았으니 존재하지 않으며, 현재는 포착할 수 없는 시간입니다. 현재는 과거와 미래 사이의 경계에 서 있는 지극히 미세한 시간, 나타나자마자 이내 사라져버리는 시간입니다. 여러분이 지금 이 책에 나오는 단어를 하나하나 읽는 순간, 그것은 이미 과거가 되어 버리고 아직 읽지 않은 글은 미래에 속한 것과 마찬가지입니다.

따라서 과거와 현재와 미래는 일관성 없는 추상적인 대상입니다. 그렇다고 해서 시간이라는 것은 아예 존재하지 않는다고, '무(無)'라고는 할 수 없죠. 왜냐면 나는 시간을 머릿속에서 그릴 수 있으니까요.

아우구스티누스는 우리 의식에서 시간은 언제나 현재라고 말합니다. 왜냐면 과거와 현재와 미래는 우리가 떠올리는 것, 바로 우리의 '의식'이기 때문이죠. 실제로는 존재하지 않지만, 우리 생각의 대상으로서 존재한다는 겁니다.

이처럼 현재는 직감이고 자각이며 즉각적인 의식입니다. 나는 지금 이 순간에도 감각을 통해 내게 전달되는 모든 것을 포착합니다. 과거는 추억이고 기억이며, 과거에 대한 나의 의식입니다. 미래는 상상이고 기대이며, 미래에 대한 나의 의식입니다.

아우구스티누스는 과거와 미래와 현재의 관계를 설명하면서 이런 예를 듭니다.

앞에 앉은 사람이 '펠라-기-우스'라는 이름을 발음했다고 가정합시다. 내가 '-기'라는 음절을 포착한 순간, '펠라-'라는 음절은 이미 사라져버렸지만, 나는 그것을 머릿속에 기억하고 있고, 아직 들리지 않았지만, 앞으로 듣게 될 '-우스'라는 음절을 미리 예측합니다. 바로 이런 과정처럼 과거와 현재와 미래의 시간이 모두 내 의식 안에 존재한다는 거죠.

자, 이제 여러분은 '시간은 객관적으로 측정할 수 있다'는 주장이 반드시 옳지만은 않다는 것을 알았을 겁니다. 시간에 초, 분, 시, 일, 월, 년 등의 단위를 부여한 것은 필요에 의해 그렇게 정한 것일 뿐, 우리가 의식하는 시간과는 전혀 무관하다는 사실도 깨달았을 겁니다.

시간은 우리 의식과 무관하게, 저 혼자 흘러가지 않습니다. 우리는 시계나 달력의 시간이 아닌, 시간의 진실을 각자의 의식 안에서 경험합니다. 왜냐면 과거와 현재와 미래는 무엇보다도 우리가 그것을 떠올리는 '재현'이기 때문이죠.

> 우리에게는 세 가지 시간이 있다.
> 과거의 현재, 현재의 현재, 미래의 현재가 바로 그것이다.
> 왜냐면 이 세 가지 종류의 시간은 모두 우리 정신에서만
> 존재할 뿐, 다른 곳에서는 찾아볼 수 없기 때문이다.
>
> – 아우구스티누스, 《고백록》

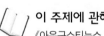

이 주제에 관해 참고할 책

《아우구스티누스 고백록》 | 아우구스티누스 지음 | 김평옥 옮김 | 범우사 | 2008

잊지 못하는 과거의 일은 현재에도 존재한다고 말할 수 있을까?

"시간은 흐른다?"

앙리 베르그송

(Henri Louis Bergson,
1859~1941)

폴란드계 유태인 아버지와 영국계 어머니 사이에서 태어났다. 아버지의 폴란드 이름을 따라서 그를 '베륵손'이라고 불러야 한다는 주장이 있으나, 그가 베르그송과 베륵손 중에서 어떤 이름으로 불리기를 원했는지는 그 자신만이 알 것이다. 그는 생전에 특권과 인기를 모두 누린 철학자였다. 고등사범학교를 졸업했고, 아카데미 프랑세즈 회원으로 선출되었으며 외교 임무를 띠고 스페인과 미국을 방문하기도 했다. 유네스코의 전신인 국제 지식협력 위원회의 초대 회장을 지냈으며 영국과 미국의 명문대학에서 초청교수로 재직했다. 1928년에는 노벨문학상을 받았다.

"시간이 쏜살같이 흐른다."

"흐르는 시간을 잡을 수 없다."

자주 듣는 이런 표현에서 우리는 흘러가는 시간의 이미지를 봅니다.

사실, 오랜만에 만난 친구의 몰라보게 변한 모습을 보면, 시간이 너무 빨리 흘러갔다는 생각에 서글픈 기분이 들죠. 시간이 흐르는 줄도 모르고 지하철에서 재미있는 책을 읽다가 내려야 할 역을 지나친 경험이 누구에게나 한두 번은 있을 겁니다. 새로 나온 게임을 하다가 친구와 만날 약속에 늦은 적도 있겠죠.

시간은 이렇게 우리가 의식하든 의식하지 않든 저 스스로 흘러갑니다.

과연 그럴까요?

철학자 베르그송은 시간을 흐름이 아니라 '지속'으로 보았습니다. 그리고 시간은 여러 순간을 모아놓은 것이 아니라고 말합니다. '순간'이라는 것은 '시간의 선 위에 찍힌 하나의 점'이라는 추상적인 사고의 결과입니다. 우리는 순간을 생각하듯 현재를 생각합니다. 현재는 우리가 자각하자마자 즉시 과거 속으로 사라져버립니다. 그러나 시간을 지속으로, 경험으로 생각하면 현재의 시간에는 실재(實在)가 있죠.

시간적 경험은 근접 과거와 근접 미래로 구성됩니다. 근접 과거는 아직 완전한 기억이 되지 않은 과거시간이며 근접 미래는 아직 완전히 오지 않은 미래시간을 말합니다. 이 두 시간이 모여 현재의 시간을 이룹니다.

이러한 현재는 언제나 '누군가의 현재'라고, 베르그송은 말합니다. 현재는 '나의 현재', '나를 위한 현재', '나의 의식에 의해 정의된 현재'입니다.

음악에서 곡은 각각의 음표가 하나하나 연결되어 완성되지만, 우리는 거기서 단절보다는 지속의 인상을 받습니다. 곡은 전체적으로 들려오기에 우리는 그것을 분해할 수 없습니다. 곡은 분명히 각각의 음표로 구성되어 있지만, 우리는 그것을 하나하나 나눌 수 없는 전체적이고 계속적인 상태로 인식하죠.

시간도 곡과 똑같습니다. 불연속적인 각각의 순간이 전체적이고 지속적인 느낌을 만들어냅니다. 우리는 그런 시간을 느끼고 체험하죠. 지루하게 보내는 한 시간은 행복한 한 시간보다 훨씬 더 길게 느껴지죠.

이제 여러분은 '시간은 흐른다'는 말이 인상적인 표현에 불과하다는 것을 알았을 겁니다. 시간은 흘러가는 실체가 아니라 지속하는 실체입니다. 시간은 이어지는 순간들의 연속이 아니라, 각자에게 고유한 내밀한 느낌, 개인적으로 체험하는 지속입니다. 어떤 의미에서 보자면 비록 시계와 달력이 시간을 결정하는 것 같지만, 사실은 우리가 시간의 주인이고 적어도 그렇게 될 수 있다고, 베르그송은 믿습니다. 물론, 저도 그렇게 믿고요.

143

> 우리가 시간이라고 부르는 것은 실제적인 지속을 말한다.
> 그러나 그 시간은 불가분의 상태로 지각된다.

– 베르그송, 《변화의 지각》

 이 주제에 관해 참고할 책

《의식에서 직접 주어진 것들에 관한 시론》 | 앙리 베르그송 지음 | 최화 옮김 | 아카넷 |
2001

한 시간이 가장 짧게 느껴졌던 때와 가장 길게 느껴졌던 때는 언제였나?

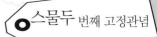

" 일에 얽매이면
자유롭지 못하다? "

게오르크 헤겔
(Georg Wilhelm Friedrich
Hegel, 1770~1831)

'독일 관념론'이라고 불리는 철학의 대표적인 철학자 가운데 한 사람. 관념론은 인간의
다른 어떤 본성보다도 정신과 주관성의 우위를 중요시한다. 그의 저작은 매우 난해해
서 이해하기 어렵다. 그것은 아마도 헤겔 자신이 말했듯이 상식이나 거짓 증거를 벗어
나려는 철학의 목표 때문일 것이다.

오늘도 나는 일해야 합니다.

그럴 맘이 있든 없든 간에 내게는 선택할 권리가 없습니다. 정해진
시간표, 억압적인 위계질서, 때로 지루하고 괴로운 업무… 게다가 대부분 다른 사람과 마찬가지로 생계를 위해 돈을 버는 것 외에 내게는 다른 선택의 여지가 없습니다. 물론, 그나마 이렇게 일자리가 있고 봉급을 받는 것이 다행이라는 생각도 들지만, 솔직히 이것은 내가 원했던 삶이 아닙니다.

사람들은 이렇게, 자신이 하는 일을 속박이나 억압처럼 느끼는 경향이 있습니다. 월요일 아침 자명종 소리에 잠에서 깨면서 자신이 자유롭다고 느끼는 사람이 과연 몇이나 될까요? 출근 시간에 짐짝처럼 사람들이 들어찬 지하철에서 여유를 느끼는 사람이 과연 몇이나 되겠습니까?

우리는 모두 일에 구속된 존재입니다.

과연 그럴까요?

지금 하는 일이 지극히 무의미하게 여겨진다고 해도, 가장 견디기 어려운 속박이 된다고 해도 일은 자유의 한 형태라고, 헤겔은 말합니다. 그는 자신의 주장을 '주인과 노예'의 관계를 통해 설명합니다.

두 사람이 싸우고 있습니다. 승자는 패자를 노예로 만들어 그의 주인이 됩니다. 그리고 주인은 노예가 그에게 필요한 모든 것을 마련해주기에 물질적인 불편을 느끼지 않습니다. 하지만 헤겔은 이들 주인과 노예 사이에서 노예가 더 자유롭다고 말합니다!

헤겔에 의하면 '자유롭다'는 것은 '자신을 의식한다'는 것을 뜻합니다. 자신이 누구인가를 알고, 자신의 가치가 어떤 것인지를 알고, 자신이 무엇을 할 수 있는가를 알 때 인간은 자유롭다는 겁니다. 그러려면 자신을 실현해야 하고, 자신을 반추하며 자신을 밖에서 바라볼 수 있어야 합니다. 헤겔은 인간이 자신의 존재를 의식하고, 자유로워지는 길은 오로지 일(혹은 모든 성격의 유용한 활동)을 통해서라고 말합니다.

그러나 주인은 자신에 대한 의식이 없기에 자유롭지 못합니다. 왜냐면 그는 자신을 실현하지 않기 때문입니다. 주인은 고대의 왕처럼 남에게 무언가를 하도록 명령할 따름입니다.

하지만 노예는 스스로 일을 완성하기에 자신에게 어떤 가치가 있는지, 자신이 어떤 존재인지 의식합니다. 그래서 오직 일하는 노예만이 자유롭다는 거죠.

흠… 어쩌면 헤겔의 이론은 '고상한' 일, 인간이 그것을 통해 자신을 마음껏 실현할 수 있는 그런 일에만 적용되는 것이 아닐까 하는 생각도 듭니다. 공장의 작업대에서 온종일 똑같은 일만 기계적으로 반복하는 노동자가 바다에서 요트를 타고 항해를 즐기는 백만장자보다 더 자유롭다고 말할 수 있을까요?

그런데 헤겔은 단호히 그렇다고 말합니다. 만약 그 백만장자가 다른 사람으로 하여금 모든 일을 하게 한다면, 그는 오로지 다른 사람들이 하는 일을 통해서만 존재하기 때문입니다. 그럴 때 그는 자신을 실현하지 못하기에 자신을 의식할 수도 없다는 겁니다. 그래서 백만장자는 공장 노동자보다도 자유롭지 못하다는 거죠. 왜냐면 노동자가 하는 일이 비록 반복적이고 기계적이긴 하지만, 적어도 그는 무언가를 스스로 실천하고 실현하기 때문입니다. 같은 이유에서 편의점 계산대에서 일하는 직원이 아무 일도 하지 않고 이자나 집세를 받으며 살아가는 사람보다는 훨씬 더 자유롭다고 할 수 있습니다.

이제 여러분은 '일에 얽매이면 자유롭지 못하다'는 말이 고정관념에 불과하다는 사실을 알았을 겁니다. 인간은 오로지 자신이 할 수 있는 것을 실현할 때, 다시 말해 어떤 성격의 것이든 일을 통해 의식의 독립성을 보장할 수 있습니다. 그래서 일할 기회를 잃는 것은 단순히 생계수단을 잃는 것 이상의 의미가 있다고 말할 수 있겠죠.

인간은 일을 통해 자신에 대한 의식에 도달할 수 있다.
일이 인간을 만든다.

– 게오르크 헤겔, 《정신현상학》

 이 주제에 관해 참고할 책
《정신현상학》| 게오르크 빌헬름 프리드리히 헤겔 지음 | 임석진 옮김 | 한길사 | 2005

내가 일을 통해 자유를 느낀 적은 언제인가?

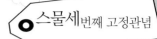

" 자유는
헛된 꿈이다? "

장폴 사르트르
(Jean-Paul Sartre,
1905~1980)

철학자였을 뿐 아니라 작가였던 그는《구토》,《파리》,《출구 없음》,《더러운 손》,《악마와 신》,《알토나의 유폐자들》등 여러 편의 소설과 희곡을 썼다.

1964년 그는 노벨문학상을 거절했는데 '어떤 인간도 생시에 추앙되어서는 안 된다'는 것이 그 이유였다. 그는 또한 1945년 레종도뇌르 훈장도 거절했고, 콜레주 드 프랑스의 교수 자리도 거절했다. 이처럼 그의 행동은 그가 세운 삶의 원칙과 일치했다. 지식인을 자처하는 사람 중에 말과 행동이 일치한 드문 사례다.

우리는 모두 자유를 꿈꿉니다. 이 세상에서 완벽한 자유보다 더 부러운 것이 또 어디 있겠습니까? 그러나 진정한 자유를 만끽하는 사람은 찾아보기 어렵습니다. 자유를 인간 최고의 가치로 삼는 자유주의자들조차도 현실에서는 그리 자유로워 보이지 않습니다. 그래서 자유는 누구나 누리고 싶지만, 절대로 도달할 수 없는 이상처럼 느껴집니다.

과연 그럴까요?

사르트르와 같은 철학자에게 자유는 오히려 짐과 같은 것입니다. 그는 《존재와 무》에서 이렇게 말합니다. "인간은 자유롭도록 운명지어졌다." 아! 이야말로 역설적이고 도발적인 사고가 아닙니까? 어떻게 자신의 선택에 따라 '자유롭게' 행동하는 것이 운명과 같은 구속이 될 수 있을까요?

물론, 사르트르는 그렇다고 대답합니다. 우리는 평생토록 선택의 능력을 발휘해야 하는 운명에 놓여 있습니다. 공부, 직업, 생활 스타일, 친구, 자동차, 주거지, 배우자, 자녀의 수… 이 수많은 선택을 통해 우리는 지금의 우리가 되어 있는 겁니다. 우리에게는 선택하거나 혹은 선택하지 않을 자유가 없습니다. 이럴 때 자유는 구속이 아니고 무엇이겠습니까?

인간의 행동에는 필요한 것도, 미리 결정된 것도 없습니다. 내가 어떤 행동을 선택할 뿐이죠. 그러나 다른 선택을 할 수도 있을 겁니다. 그와 마찬가지로 나는 어떤 가치를 선택하고, 어떤 자세를 보이고, 어떤 의견을 지지할 수 있습니다. 이 모든 것에 내 자유가 개입합니다. 매 순간 나는 선택해야 하고, 어제의 결정은 내일의 결정과 무관합니다. 그리고 언제든지 내가 원하기만 한다면 나는 내 인생을 바꿀 수 있습니다.

이런 무한한 가능성 앞에서 우리는 현기증, 불안을 느낍니다. 그럴 때 우리는 자기 삶에 대해 전적으로 책임져야 하는 운명에 놓여 있음을 실감합니다.

물론, 우리는 상황의 영향을 받습니다. 어느 나라 어느 도시, 어떤 문화·사회적 환경에서 태어나 어떤 교육을 받았는지에 따라 우리 삶은 달라집니다. 그러나 사르트르는 인간이 속한 상황이 그의 존재를 완전히 결정할 수는 없다고 말합니다. 우리는 각자 상황에 따라 자유롭게 어떤 의도를 품고 어떤 계획을 세울 수 있습니다. 그 모든 것은 오로지 우리 선택에 달렸습니다.

이제 여러분은 '자유는 헛된 꿈이다'라는 표현이 반드시 옳지만은 않다는 것을 알게 되었을 겁니다. 자유는 우리가 도달하려는 이상이기 이전에 인간으로서 우리 본성의 일부입니다. 그러나 자유는 인간에게 짐과도 같습니다. 왜냐면 우리에게는 선택하거나 선택하지 않을 자유가 없기 때문입니다.

중세시대 파리대학 학장이었던 뷔리당이 예로 든 당나귀의 예화는 그런 면에서 매우 시사적입니다. 배고픈 당나귀 양쪽에 똑같은 양의 건초를 똑같은 거리에 놓아두었더니 이쪽도 저쪽도 선택하지 못한 당나귀가 굶어 죽었다는 이야기는 비록 선택의 자유가 있다고 해도 그 선택 자체가 얼마나 어려운 일인가를 우화적으로 보여줍니다.

> 그래, 내가 자유롭다고 치자. 그래서 자유롭다는 것이
> 나와 무슨 상관인가? 이 자유라는 것을
> 나는 한 덩어리의 확신과 기꺼이 바꿀 것이다.

– 사르트르, 《자유의 길》

 이 주제에 관해 참고할 책

《자유의 길》 | 장 폴 사르트르 지음 | 최석기 옮김 | 고려원미디어 | 1996

나는 선택의 자유로부터 자유롭지 않다고 느꼈던 적은 언제인가?

" 공포와 불안은
같은 감정이다? "

마틴 하이데거
(Martin Heidegger,
1889~1976)

철학자가 되기 전, 이 독일 철학자는 종교인이 되고자 했으나 결국 종교를 버렸다. 후일 그는 철학이 종교와 양립할 수 없다고 말했다. 그에게 철학의 과제는 존재의 의미를 발견하는 데 있었다. 《존재와 시간》에서 그는 인간이 세계에 존재하는 방식을 이해하고자 인간의 존재를 분석했다. 예를 들어 불안이라는 개념을 통해 그는 인간이 '죽어야 할 존재'임을 발견했다. 솔직히, 썩 유쾌한 발견은 아닌 듯싶다.

우리는 누구나 무언가를, 혹은 누군가를 두려워합니다. 그리고 두려운 대상은 우리로 하여금 불안을 느끼게 합니다. 인간이라면 이런 감정을 피할 수 없죠.

개나 고양이 등 동물을 끔찍하게 무서워하는 사람이 있습니다. 두려움의 도가 지나쳐서 때로 기절하는 상태에 이르기도 하죠. 이런 사람은 두려워하는 동물의 소리만 들려도 불안해서 어쩔 줄 모릅니다.

비극적인 일이지만, 폭력적인 부모, 교사, 배우자에게 공포를 느끼는 사람도 늘 불안에 떨며 살아갑니다. 가만히 생각해보면 공포와 불안은 동일한 감정인 것 같습니다.

과연 그럴까요?

일상 언어에서 우리는 공포와 불안을 동의어처럼 사용하지만, 두 감정은 성격이 전혀 다릅니다.

하이데거는 우리가 어떤 사물이나 사람에게서 공포를 느낀다고 말합니다. 실제로 우리는 어떤 사물이나, 사건, 상황, 사람을 두려워합니다. 갑자기 폭풍이 불어닥친다든지, 사나운 개를 만난다든지, 공포영화를 볼 때 우리는 폭풍과 개와 영화가 두렵습니다.

여러분이 다니는 회사가 어려움을 겪고 있다고 가정해봅시다. 그런데 어느 날 갑자기 사장님이 여러분을 호출한다면, 그리고 해직을 통보할 것 같다는 예감이 든다면, 여러분은 불안을 느낄 겁니다. 제가 조금 기분 나쁜 예를 들어서 미안합니다만, 이럴 때 여러분이 느끼는 감정은 불안이 아니라 공포입니다. 여러분은 사장님의 호출에 두려움을 느끼는 겁니다. 이처럼, 공포는 늘 무엇 혹은 누구 때문에 생기는 감정입니다.

그러나 불안은 공포와는 달리 특정한 대상이 없습니다! 사전에서는 불안을 '막연한 공포가 특징인 심리적 불안정'이라고 정의합니다. 실제로 우리는 불안을 느낄 때 그 불안의 대상이 무엇인지를 알지 못합니다. 현실을 직면해야 하는 불안, 미래에 대한 불안, 부조리한 우리 존재 자체에 대한 불안, 돌이킬 수 없이 죽음을 향해 다가가는 우리 운명에 대한 불안…. 그러나 정작 그 대상이 무엇인지는 정확하게 집어서 말할 수 없습니다.

불안은 어찌 보면 비어.있음, 허무(虛無)의 체험이라고 할 수 있을 겁니다. 불안할 때 우리는 인생의 의미가 사라져버린 듯한 느낌이 듭니다. 그럴 때 우리가 느끼는 위기감은 어떤 특정한 대상에서 오는 것이 아니라, 바로 우리가 존재한다는 사실 자체에서 오는 겁니다.

우리는 이런 감정에 대해 속수무책입니다. 왜냐면 인간은 언젠가 죽어야 할 존재이고, 피할 수 없는 종말에 대해 어떤 해결책도 없기 때문입니다. 따라서 우리는 불안을 잊어버리려고 수없이 많은 일을 만들어내고, 쉴 새 없이 활동하고, 단 1초도 자신의 운명과 직면하지 않으려고 온갖 일을 벌입니다. 왜냐면 잠시라도 여유가 생기면 곧바로 불안이 고개를 처들기 때문이죠. 보들레르가 완벽한 언어로 표현했듯이, '그 순간 폭압적이고 끔찍한 불안이 고개 숙인 우리 머리에 검은 깃발을 꽂기' 때문입니다.

161

이제 여러분도 이해하셨겠지만, '공포와 불안은 같은 감정이다'라는 생각은 용어의 혼란에서 비롯된 것입니다. 우리가 무서운 사람이나 동물 앞에서 느끼는 감정은 불안이 아니라 공포입니다. 특정한 대상이 없이도 생기는 불안은 단순한 공포가 아니라, '인간'이라는 허약한 존재에 대한 비극적이고도 현실적인 인식이라고 할 수 있을 겁니다. 공포는 극복할 수 있지만, 우리가 언젠가 죽어야 할 존재라는 사실을 알고 있는 한, 불안은 절대로 우리를 떠나지 않을 겁니다. 인간으로 살아간다는 것… 참 어렵죠?

무언가를 두려워하는 감정인 공포와는 달리,
불안은 모든 인간을 무기력에 빠뜨린다.
인간은 불안하다. 인간은 무(無) 앞에 서 있다.

– 하이데거, 《존재와 시간》

 이 주제에 관해 참고할 책

《존재와 시간》 | 하이데거 지음 | 이기상 옮김 | 까치 | 1998

162

공포를 극복하는 방법은 무엇인가? 불안에서 벗어나는 길은 무엇인가?

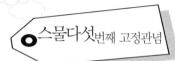

" 있는 것은
존재하는 것이다? "

장폴 사르트르
(Jean-Paul Sartre,
1905~1980)

고등사범학교 시절, 사르트르는 말썽꾸러기였지만 매우 총명한 학생이었다. 당시 그의 친구 폴 니장은 그를 S. O.라는 별명으로 불렀는데 이는 '공인된 풍자가(satyre officiel)'를 뜻하는 말이었다. 그리고 또 다른 친구로 레이몽 아롱이나 메를로 퐁티 등이 있었다. 세계적인 석학이 모두 그의 주변에 몰려 있었던 셈이다. 사르트르는 처음 철학교수 자격시험에 실패했지만, 두 번째 도전에서 수석으로 합격했다. 당시 2등은 시몬 드 보부아르였고, 그녀는 사르트르 인생에 '필연적인 연인'이 되었다.

세상에는 '동의어'라고 부르는 단어가 많이 있습니다. 발음은 다르지만, 의미는 비슷한 단어를 일컫는 말입니다.

그중 대표적인 사례가 바로 '있다(be)'와 '존재한다(exist)'입니다.

아주 미묘한 철학적인 차이를 무시한 채 우리는 대부분 '있다'라는 단어와 '존재한다'라는 단어를 구별하지 않고 사용합니다.

'나는 있다' 혹은 '나는 존재한다'는 말은 거의 같은 뜻입니다. 만약 내가 없다면, 존재할 수도 없을 테니까요. 내가 존재하지 않는다면, 나는 물론 이 세상에 없겠죠.

과연 그럴까요?

나는 지금 내가 앉아 있는 이 의자와는 다르게 있습니다.

다시 말해 나와 내 의자는 존재하는 방식이 서로 다르다는 겁니다.

사르트르는 인간인 나와 사물인 의자가 같은 방식으로 존재하지 않는 이유를 분명하게 설명해줍니다.

자, 예를 하나 들어봅시다. 지금 내 책상 위에는 만년필이 하나 놓여 있습니다. 물론, 이 만년필은 지금 '존재'하고 있습니다. 하지만 이 만년필을 만든 사람은 이것이 존재하기 이전에 용도에 따라 설계된 모델대로 이 만년필을 머릿속에서 상상하고, 계획하고, 디자인하고 제작했을 겁니다. 그러니까, 만년필은 하나의 존재가 되기 이전에 하나의 '계획'이자, '본질'이었습니다. 다시 말해 만년필은 '존재하기' 이전에 이미 '있었던' 겁니다.

그러나 인간은 그저 존재할 따름입니다. 인간은 어떤 정확한 용도에 맞는 모델에 따라 만들어지지 않았습니다. 그 무엇도 인간의 존재에 선행하지 않았고, 누구도 그 인간이 태어나기 전에 어떤 것이 되어야 한다고 미리 계획하지 않았습니다. 인간은 있기 전에 존재합니다.

이런 점에서 요즘 공상과학 영화에서 흔히 볼 수 있는 인조인간, 사이보그는 우리에게 근본적인 문제를 제기합니다. 왜냐면 사이보그는 그 용도를 정확히 설정한 계획에 따라 자연적인 인간을 모델로 삼아 만들어지기 때문입니다. 자연적인 인간과 똑같은 감정과 이성, 지능과 감각을 지닌 인공적인 인간이 탄생하여 자연적인 인간과 구분할 수 없는 완벽성을 지녔다 해도, 인조인간을 자연인과 동일시할 수 없는 결정적인 이유는 바로 사물의 배경이 되는 '계획'과 '본질'의 문제가 걸려 있기 때문입니다. 자연인은 존재하지만, 인조인간은 있습니다. 그것이 바로 둘 사이의 근본적인 차이점입니다.

사르트르는 이렇게 말합니다.

"인간은 우선 존재하고, 자신을 발견하고, 세상에 나타난다. 그러고 나서 자신을 정의한다. 처음에 그는 아무것도 아니다. 그는 이후에 있게 되며 스스로 자신을 만들어 간다."

사물은 있습니다. 사물은 본질입니다. 사물의 본성은 단지, 있는 그대로 있다는 데 있습니다. 사물은 한번 만들어지면 영원히 그 상태로 있습니다.

하지만 인간은 존재합니다. 인간은 늘 새롭고 끊임없이 변합니다. 인간은 매 순간 형성되어 가고, 언제나 완성되어 가는 과정에 있습니다. 그래서 인간인 우리는 자신을 이중적인 시선으로 바라보게 됩니다. 우리는 우리 자신(바로 이 순간의 우리)이며, 또한 우리의 의식(현재 우리 자신에 대한 의식과 그렇게 되고자 하는 우리 자신에 대한 의식)입니다.

여러분은 이제 '있는 것은 존재하는 것이다'라는 진술이 사물과 인간의 차이에 대한 무지에서 비롯했음을 알았을 겁니다. 우리는 살아가면서 끊임없이 우리 자신이 되어갑니다. 어찌 보면 이것은 인간인 우리에게 정말 다행스러운 일입니다. 사물은 자신이 무엇이 될 것인가를 선택할 자유가 없지만, 우리에게는 그럴 자유가 있습니다. 그러나… 이 자유는 얼마나 무겁고 힘든 책임입니까?

{ 인간의 현실은 있는 것이 아니라 만들어져간다. }

– 사르트르,《존재와 무》

이 주제에 관해 참고할 책

《실존주의는 휴머니즘이다》| 장 폴 사르트르 지음 | 방곤 옮김 | 문예출판사 | 1999

인간은 스스로 완성해 가는 존재라는 점에서 동물과의 차이점은 무엇인가?

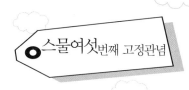

**"자기기만을 하는 사람은
진실하지 못하다?"**

장폴 사르트르
(Jean-Paul Sartre,
1905~1980)

그의 나이 26세에 철학교수 자격시험에 합격했을 때 사르트르는 일본에서 자리를 잡고 싶었다. 그는 일본이라는 나라와 그 문화에 대단한 열정을 품고 있었다. 그러나 결국 그는 프랑스 북부 르아브르에 있는 고등학교로 발령이 났다. 파리에서 태어나 파리에서 자란 그에게 지방 소도시에서 고등학교 교사로 살아가는 것은 귀양살이나 다름없었다. 글을 통해서 그는 그것이 얼마나 지루한 삶인가를 여러 차례 고백한 바 있다. 하지만 그는 좋은 교사였고, 넥타이도 매지 않고 교실에 나타났지만, 학생 사이에서 인기가 높았다.

자기기만이란 무엇일까요?

그것은 남을 속이고, 동시에 자신도 속이는 것을 말합니다. 그리고 그 거짓을 계속 고집하는 것이죠. 예를 들어 내가 어떤 주장이 틀렸다는 것을 알면서도 의도적으로 그것이 옳다고 주장한다면, 사람들은 나를 보고 '자기기만을 하고 있다'고 말할 겁니다. 결국, 무의식적이든 의식적이든 자기기만을 하는 사람은 진실한 사람이라고 할 수 없겠죠.

과연 그럴까요?

사르트르는 자기기만이 진실성의 한 형태라고 말합니다.
어떻게 그럴 수 있을까요? 앞뒤가 맞지 않는 얘기처럼 들립니다.
그러나 진실성이 무엇인지 잘 생각해 보면, 그의 주장이 논리

171

적임을 알 수 있습니다. 사르트르는 진실하다는 것이 곧 '온전하다'는 것을 뜻한다고 말합니다. 여기서 '온전하다'는 것은 본래의 자기 모습과 남에게 보이는 모습이 똑같다는 것을 의미합니다.

그런데 실제와 항상 똑같은 상태로 보이는 것은 물건밖에 없습니다. 저기 눈앞에 보이는 컵이나 볼펜이나 책상의 실제 모습은 지금 우리가 바라보는 모습 그대로입니다. 전혀 다르지 않습니다.

그러나 인간은 눈에 보이는 모습 그 이상의 존재입니다. 인간은 한번 만들어지면 영원히 똑같은 상태로 있는 사물과는 다릅니다. 그의 실제 모습은 남들에게 보이는 모습과 늘 다를 수밖에 없습니다.

하지만, 바로 그런 이유에서 인간은 언제나 자기가 생각하는 모습과 완벽하게 같아지기를 희망합니다. 남들에게 이렇게, 혹은 저렇게 비치고 싶어 하고, 실제로도 그런 존재가 되고 싶어 하는 겁니다. 사르트르는 오히려 그렇기에 인간은 진실해지려 한다고 말합니다. 왜냐면 그 '무엇인가'가 되고 싶어 하고, 오직 '그것'이 되고 싶어 하기 때문입니다.

예를 들어 우리는 의사나, 기업가나, 예술가나, 변호사나 과학자가 되고 싶어 하고, 또 그 역할을 충실히 해내려고 애쓰죠. 그럴 때 우리는 자기기만을 하게 됩니다. 왜냐면 그는 사르트르식으로 말해서 자신을 하나의 '사물', 하나의 '본질'로 만들려고 하는 셈이니까요. 그렇지만, 우리는 인간이기에 결코 그렇게 될 수 없습니다.

예를 하나 들어볼까요? 만약 내가 정치가라면, 나는 소위 '정치판'에 어울리는 틀에 박힌 스타일과 그들이 흔히 사용하는 언어와 그들의 사고방식에 나 자신을 맞춰 갑니다. 내가 지식인이라면 나는 지식인다운 언어를 사용하고 그에 걸맞은 옷차림을 하고 그와 어울리는 태도를 보이겠죠.

또 내가 누군가를 사랑한다면, 그 사람 앞에서 나는 매력적인 사람으로 보이려고 애쓸 겁니다. 간단히 말해서 이미 정해진 모습, 틀에 박힌 유형이 되려고 하는 겁니다. 마치 연필은 연필이고, 가방은 가방이고, 사물은 사물이듯이 이것 혹은 저것이 되려고 애쓰는 거죠. 그러면서 우리는 남을 속이고, 동시에 자신도 속입니다. 그렇게 우리는 자기기만을 합니다. 왜냐면 인간인 우리는 절대로 하나의 사물, 하나의 역할이 될 수 없기 때문입니다. 우리는 언제나 우리가 하는 모든 역할 이상의 존재이기 때문입니다. 따라서 인간이 보여주는 모든 자세는 일종의 '위장'입니다.

이제 여러분은 '자기기만을 하는 사람은 진실하지 못하다'는 생각에 찬성하지 않을 겁니다. 자기기만을 한다는 것은 진심으로, 절실하게 어떤 모습으로 비치기를 원하는 것이니까요. 그것은 어떤 역할을 하면서 거짓을 계속하는 '진실한' 노력입니다.

진실성은 자기기만의 현상이다.

– 사르트르,《존재와 무》

 이 주제에 관해 참고할 책

《존재와 무》| 장 폴 사르트르 지음 | 손우성 옮김 | 삼성출판사 | 1999

나는 지금 어떤 자기기만을 하고 있나?

스물일곱번째 고정관념

" 타인은 지옥이다? "

장폴 사르트르
(Jean-Paul Sartre,
1905~1980)

2차대전은 이 젊은 평화주의자를 참여 시민으로 변모시켰다. 그는 지식인만이 아니라 모든 시민에게 정치적 책임이 있다고 확신했다. 그는 인간의 행동을 어쩔 수 없는 상황의 결과라고 말하는 것은 너무도 무책임한 태도라고 생각했다. 인간은 자기 운명의 결정자이며 그가 선택한 가치와 행동의 주인이어야 한다고, 이 지식인 철학자는 생각했다.

"길에 사람이 어찌나 많은지, 제대로 걸을 수조차 없었어."

약속 장소에 늦게 도착한 친구는 내게 이렇게 말했습니다. 내 '철학 취향'을 잘 알고 있는 친구는 한쪽 눈을 찡긋! 감아 윙크를 보내며 말했습니다.

"타인은 지옥이야, 그치?"

그것은 사르트르의 유명한 철학적 명제를 염두에 둔 유머였습니다.

가족 관계가 반목과 음모로 얼룩진 집안을 보면 이 말은 정말 실감 나게 다가옵니다. 혹은 직장에서 피할 수 없이 함께 지내야 하는 교활한 동료나 끔찍한 상사를 보면 이 말에 더욱 공감하게 됩니다. 그럴 때 타인의 존재야말로 최악의 지옥이라는 말이 절로 나오겠죠.

타인은 내 삶을 복잡하게 만들고, 아예 사는 것조차 힘들게 합니다. 그래서 어떨 때에는 무인도에 가서 혼자 살고 싶은 마음이 간절합니다.

그런데 혹시 나는 다른 사람의 지옥이 아닐까요? 아니, 나는 절대로 그렇지 않죠. 나는 문제 없어요. 늘 다른 사람이 문제죠!

과연 그럴까요?

사르트르는 완전히 정반대되는 이야기를 합니다. 만약 타인이 지옥처럼 느껴진다면, 그것은 바로 자기 자신 때문이라는 거죠. 왜냐고요? 타인의 시선이 우리에게 억압적이고, 지배적인 것은 분명합니다만, 우리가 타인의 시선을 통해 자신을 자각하는 것 또한 사실이기 때문입니다.

그러나 우리 존재는 타인이 우리에게서 보고, 그것으로 규정해 버리는 그 모습일 수만은 없죠. 우리는 타인이 우리에게서 포착하는 모습 이상의 존재입니다. 타인은 어쩔 수 없이 우리의 한 단면만을 보게 마련이니까요.

그러나 만약 우리가 타인의 시선에 전적으로 의존한다면, 우리에 대한 타인의 판단을 견딜 수 없게 되고, 살아가는 것 자체가 무척 고통스러워질 겁니다.

따라서 문제는 타인이 아니라, 타인의 판단을 뛰어넘어 우리의 자유를 확인하지 못하는 우리의 무능력에 있습니다. 타인은 언제나 나를 미리 설정된 하나의 유형으로 간주하는 경향이 있습니다. 그리고 나는 늘 타인 앞에서 무의식적으로 나의 어떤 이미지를 보여주려고 애씁니다. 바로 그런 관계에 있기에, 타인이 지옥처럼 여겨지지만, 문제는 운명적으로 타인의 시선을 벗어나지 못하는 우리 자신에게 있죠.

이제 여러분은 '타인은 지옥이다'라는 말이 반드시 옳지만은 않다는 사실을 알았을 겁니다. 물론, 타인의 존재가 우리에게 억압적인 것은 분명하지만, 그것은 우리를 하나의 고정된 존재로 규정하려는 타인의 시선에 의존할 때 생기는 현상입니다. 그럴 때 우리는 마치 사물이 되어버린 듯한 소외감에 빠져 지옥에서 사는 듯한 괴로움을 느끼죠.

자, 이런 현상의 책임은 과연 누구에게 있습니까? 타인인가요, 아니면 우리 자신인가요?

긴 설명이 필요 없다. 지옥은 바로 타인이다.

– 사르트르, 《출구 없음》

 이 주제에 관해 참고할 책
《상황극》| 장 폴 사르트르 지음 | 박형범 옮김 | 영남대학교출판부 | 2008

남의 시선 때문에 내가 하고자 했던 일을 포기한 적이 있었나?

"
수치심은
절망감이다?
"

장폴 사르트르
(Jean-Paul Sartre,
1905~1980)

사르트르는 2차대전 이후 정치적으로 대단한 활동을 벌였다. 그는 공산당과 행보를 함께했으나(그는 글에서 "모든 반공주의자는 개다"라고 썼다) 1956년 소련 탱크가 부다페스트에서 봉기한 시민을 무력으로 진압하자, 공산당과 결별했다. 그러나 그의 투쟁은 계속되었다. 알제리전쟁에 반대했고, 베트남전쟁에 반대했으며, 이스라엘에 영토를 빼앗긴 팔레스타인 사람들, 소련 체제에 반대하는 사람들, 베트남을 탈출한 보트피플 편에 서서 정말 열심히 싸웠다.

"아아, 이건 너무 창피한 일이야. 이제 사람들 얼굴을 어떻게 대하지? 나 자신이 부끄러워서 거울을 못 보겠어. 절망적이야."

살다 보면 정말 자신이 부끄러울 때가 있습니다. 수치심은 마치 사람들 앞에서 발가벗겨진 듯한 느낌, 힐난의 눈초리가 모두 자신에게 향하는 듯한 중압감을 말합니다. 결국, 수치심은 절망감입니다.

과연 그럴까요?

사르트르는 수치심이 절망감이 아니라, 자존심의 한 형태라고 말합니다. 우리가 수치심을 느끼는 이유는 다른 사람들의 시선이 우리를 부끄럽게 하기 때문입니다.

어떤 사람이 가게에서 물건을 훔치다가 붙잡혔다고 가정해봅시다. 그는 자신을 부끄럽게 여기겠죠. 왜냐면 그는 자신을 적발한 사람이 이제 자신을 영원히 한 사람의 도둑으로 간주하게 되리란 걸 알기 때문입니다.

이처럼 타인의 시선은 그를 저열한 행동, 발각된 나쁜 짓 그 자체로 인식할 겁니다. 그가 가슴에 어떤 이상을 품었든, 어떤 미래를 꿈꾸든, 어떤 가치를 믿든 간에, 타인의 시선 앞에서 그는 결국 초라한 좀도둑에 불과한 거죠. 이 부정직한 행동을 통해 그를 바라보는 타인은 이제부터 그를 도둑의 모습으로만 기억하게 될 겁니다.

그러나 인간은 살아 있는 동안 끊임없이 변하고 진화하는 존재라고, 사르트르는 말합니다. 인간은 한번 태어나면 완전히 결정되어 영원히 변하지 않는 사물이 아닙니다. 그리고 언제나 남들이 그에게서 보는 모습 이상의 존재입니다. 따라서 남이 자신에게 부과하는 단 하나의 모습으로 귀착되는 것은 견디기 어려운 일일 수밖에 없습니다. 왜냐면 사르트르가 말했듯이 언제든지 남들이 그에게서 보는 모습 이상의 존재가 될 수 있다는 바로 그 가능성이 그에게 인간으로서의 존엄성과 자존심을 부여하기 때문이죠.

그리고 다른 사람이 나를 판단하고 내게 어떤 딱지를 붙일 때, 바로 이 자존심이 나로 하여금 수치심을 느끼게 하는 겁니다.

직업이 없는 사람이 어느 파티에 갔다가 누군가 자신의 직업을

물었을 때 '실업자'라고 대답하면서 수치심을 느끼는 이유는 상대방이 곧바로 자신에게 '실업자'라는 딱지를 붙이리라는 것을 알기 때문입니다. 시험 성적이 나쁜 학생이 수많은 다른 학생 앞에서 선생님으로부터 놀림을 받았을 때 수치심을 느끼는 이유는 죄의식 때문이 아닙니다. 그는 자신이 그 형편없는 답안지보다는 더 나은 존재이지만, 자신에게 '열등생'이라는 딱지가 붙으리라는 것을 알기 때문입니다.

그와 마찬가지로 사람들이 레스토랑에서 혼자 식사하기를 꺼리는 이유는 혼자 식사하는 모습을 남에게 보였을 때 자신을 동정적으로, 혹은 이상하게 바라보는 남의 시선이 자존심에 상처를 주기 때문입니다.

185

여러분은 이제 '수치심은 절망감이다'라는 생각이 잘못되었음을 알았을 겁니다. 수치심은 오히려 남들이 우리에게서 보는 모습으로 우리 자신이 영원히 고착되어버리는 것을 견디지 못하는 자존심의 징표입니다. 따라서 '수치심은 자존심이다'라고 말하는 편이 차라리 옳을지도 모르겠군요.

나는 타인에게 보이는 나 자신이 수치스럽다.
수치심의 본질은 인정이다. 다른 사람이 보는
나의 모습이 바로 나라는 것을 인정하는 것이다.

– 사르트르,《존재와 무》

 이 주제에 관해 참고할 책
《존재와 무》| 장 폴 사르트르 지음 | 손우성 옮김 | 삼성출판사 | 1999

나는 어떨 때 수치심을 느끼며 그 이유는 무엇인가?

지혜롭게 생각하기

진정으로 원하면 이루어진다?

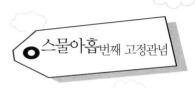

" 이상주의자는
현실감각이 없다? "

플라톤
(Plato,
BC 427~BC 346)

소크라테스를 빼놓고 플라톤을 생각할 수 없고, 플라톤 없이 소크라테스를 생각할 수 없다. 플라톤의 마지막 작품《법률》을 제외한 모든〈대화편〉에는 스승인 소크라테스가 등장하고 그의 사상이 소개된다. 플라톤은 소크라테스의 생각을 그대로 옮겼을까? 아니면 자기 생각을 덧붙였을까? 플라톤이 강의하는 모습을 지켜본 소크라테스는 이렇게 말했다고 한다. "세상에! 저 젊은이는 나에 대해 잘못된 이야기를 늘어놓고 있군!"

위대한 사상에 공감하고, 이상적인 세계를 꿈꾸는 것은 누가 봐도 멋진 일입니다.

인류에게 이상이 없다면, 위대한 문명과 문화를 창조하거나 더 나은 사회를 만들려고 노력하지도 못했겠죠.

그러나 이상주의자는 현실감 없는 백일몽을 꾼다든가 너무 추상적인 희망을 품는다는 비판을 듣기도 합니다. 간단히 말해 우리는 대부분 이상주의자가 현실에서 동떨어진 사람이라고 생각합니다.

과연 그럴까요?

플라톤은 오히려 이상주의자가 우리 일상의 세계보다 더 현실적인 세상에서 살고 있다고 말합니다. 그가 말하는 세상은 이데아의 세계를 말합니다.

플라톤은 우리가 두 개의 세계 안에서 살고 있다고 합니다. 하나는 영원하고 안정적인 이데아의 세계이고, 다른 하나는 상대적이고 변화하는 사물의 세계입니다.

플라톤은 이 세상 모든 사물에 이데아가 있다고 합니다. 예를 들어 우리에게는 보편적인 인간 존재에 대한 생각이 있습니다. 그것은 우리가 일상적으로 만나는 개별적인 인간과 구별됩니다. 책상도 마찬가지입니다. 우리에게는 직접 눈으로 보고 손으로 만지는 책상을 넘어서 '책상'이라는 것에 대한 보편적인 생각이 있습니다. 그 생각이 바로 이데아입니다. 이처럼 우리가 어떤 행동을 올바르다고 말할 수 있는 것은, 우리가 직접 경험했거나 확인한 모든 올바른 행동을 넘어선 올바름의 이데아가 있기 때문입니다.

플라톤은 스스로 '예지의 세계'라고 부른 이 이데아의 세계가 감각의 세계인 사물의 세계보다 더 현실적이고, 안정적이며, 영원하고, 부동적이라고 했습니다. 플라톤은 왜 그렇게 생각했을까요?

왜냐면 모든 사물은 절대로 같은 상태로 있을 수 없기 때문입니다. 우리를 둘러싼 모든 것은 늘 변합니다. 사람은 늙고, 풍경은 달라지고, 물건은 낡고 닳아버립니다.

사물은 다양하고, 상대적입니다. 어떤 사물이 크다는 것은 작은 사물과 비교할 때 그렇다는 겁니다. 나는 날씨가 춥다고 하는데, 어떤 사람은 덥다고 하죠. 내가 아름답다고 하는 것을 다른 사람은 추하다고 말하기도 하고요. 이처럼, 모든 것은 상대적이고, 덧없고, 헛될 수 있습니다.

하지만 이데아는 다릅니다. 시대를 넘어 변함없이 영속하죠. 예를 들어 인간에 대한 생각, 정의에 대한 생각은 고대부터 지금까지 변함없이 존속하잖아요. 그런 생각이야말로 현실적이고 안정적이며, 그 생각이 구현된 사물이나 형태는 사라져도 변함없이 남습니다.

꽃처럼 싱싱하고 아름답던 소녀도 불과 몇 년이 지나면 그 모습이 달라집니다. 나이가 들면 아름다움은 사라지게 마련이니까요. 그러나 아름다움의 이데아는 아무리 세월이 흘러도 변하지 않습니다. 그렇다면, 아름다운 소녀와 아름다움의 이데아 중에서 어느 쪽이 더 현실적이라고 말할 수 있을까요?

법이 실현하는 상대적인 정의와 그 법이 접근하려고 늘 애쓰는 정의의 이데아 중에서 과연 어느 쪽이 더 환상에 가까울까요?

이제 여러분은 '이상주의자는 현실감각이 없다'는 주장이 옳지 않다는 것을 알았을 겁니다. 플라톤은 이데아야말로 세상에서 가장 현실적이라고 말합니다. 예를 들어 책에 대한 생각은 우리가 두 눈으로 볼 수 있는 실제 책을 넘어서 변함없이 존재하는 분명한 현실이니까요. 그리고 철학에 대한 생각 역시 지금 우리가 이 책에서 시도하는 철학적 접근을 넘어서 분명히 존재하고 있으니까요.

그러니, 이제부터는 이상주의자들을 보고 헛된 공상이나 하는 사람이라고 손가락질해서는 안 되겠죠?

> 나는 이보다 더 분명한 것은 없다고 생각한다.
> 아름다움, 선함, 그리고 그와 같은 다른 모든 것은
> 그보다 더 현실적일 수 없을 정도로 분명히 존재한다.
>
> – 플라톤, 《파이돈》

이 주제에 관해 참고할 책

《파이돈》| 플라톤 지음 | 최현 옮김 | 범우사 | 2009

변하지 않는 생각과 변한 생각의 차이는 무엇인가?

" 배움은 새로운 발견이다? "

플라톤
(Plato,
BC 427~BC 346)

그는 〈대화편〉에서 소크라테스의 대화법을 소개한다. 그것은 꼬리에 꼬리를 물고 계속되는 질문을 통해 진리에 도달하는 방법 즉, '변증법'이라는 것으로 어떤 개념(아름다움, 의무, 정의 등)을 명시하는 데 흔히 사용된다. 소크라테스는 상대로 하여금 자신의 지식이 편견에 불과하다는 것을 깨우치게 한다. 예를 들어 소크라테스는 용기에 대해 말한 《라케스》에서 두 명의 장군으로 하여금 용기에 대해 그들이 그동안 얼마나 무지했는지 대화를 통해 깨닫게 한다. 그러나 소크라테스의 대화법에 넘어가 망신을 당한 사람들은 기분이 좋을 리 없었고, 소크라테스가 사형을 당하게 된 배경에는 원로원 의원들의 감정적 반응도 다분히 작용했다고 한다.

우리가 무언가를 배우는 이유는 그것을 모르기 때문입니다. 이미 아는 것을 배우는 사람은 없겠죠. 셈을 할 줄 모르는 어린이는 셈하는 법을 배우죠. 영어를 못하는 사람은 영어를 배웁니다. 인턴사원은 직장에 들어가 그곳의 일을 처음부터 배워야 합니다. 이처럼 무언가를 배울 때 우리는 이전에 모르던 새로운 것들을 발견하게 됩니다.

과연 그럴까요?

플라톤은 배움이 반드시 새로운 것을 발견하는 일은 아니라고 말합니다. 특히, 사고의 영역에서 배움은 기억을 의미한다고 합니다. 우리 내면에 있는 이데아를 다시 떠올리게 하는 과정이 바로 배움이라는 거죠.

어떻게 그런 일이 가능할까요?

플라톤이 말하는 이데아는 영원한 것입니다. 하지만 외계의 사물이나 현상은 늘 변하죠. 예를 들어 내가 길다고 느끼는 시간을 여러분은 짧다고 느낄 수 있지만, 시간의 이데아는 영원합니다. 그와 마찬가지로 우리가 느끼는 즐거움도 개인적이고 상대적일 수밖에 없습니다. 똑같은 일을 하면서도 내가 느낀 즐거움과 여러분이 느낀 즐거움은 전혀 다를 수 있습니다. 그러나 그 즐거움의 이데아는 보편적이고, 과거에나 현재에나 변함없이 영원히 존재합니다.

그래서 우리는 늘 변하고, 감각적이며, 불안정한 것에서 진정한 지식을 얻을 수 없습니다. 영원한 진리에 도달하려면, 다시 말해 진정한 지식을 얻으려면, 늘 변하고 다양한 현실보다는 안정적인 이데아에 바탕을 두어야 합니다.

이러한 이데아는 다른 어디에서도 찾을 수 없고, 오직 우리 내면에서, 우리 정신에서만 찾을 수 있습니다. 따라서 플라톤은 평생토록 그런 이데아를 배우는 일이 바로 성찰과 기억을 통해 그것을 되찾는 일이라고 말합니다. 다시 말해 우리는 실제로 자신에게서 무언가를 배울 수 있다는 겁니다. 왜냐면 배움은 외부에서 지식을 얻는 게 아니라 스스로 끝없이 질문하고 성찰한 노력의 결과이기 때문입니다. 이것이 바로 플라톤이 '산파술'이라고 부른 소크라테스의 교육법입니다. 산파술이란 하나하나 질문을 던져 가면서 이데아의 정신을 낳는 기술을 말합니다.

플라톤은 그의 책《메논》에서 어린 노예의 예를 듭니다. 이 노예는 전에 한 번도 과학을 공부한 적이 없지만, 계속되는 소크라테스의 질문에 하나하나 대답하면서 아무도 가르쳐주지 않은 기하학적 요소들을 스스로 발견해냅니다.

'개념'이라는 것도 마찬가지입니다. 우리는 어떤 것이 옳다, 그르다, 혹은 아름답다, 추하다고 말합니다. 이런 개념은 어디서 오는 걸까요? 플라톤은 그것이 우리 경험에서 오는 것이 아니라고 말합니다. 오히려 우리는 그런 개념들을 경험에 적용합니다. 달리 말하자면 그 개념들은 이미 우리 내면에 있기에 거기서 진리를 발견할 수 있다는 겁니다. 진리를 발견한다는 것은 잠재했던 것을 현재화하고, 정신에 소환한다는 것을 말합니다. 즉, 기억한다, 환기한다는 것이죠.

이제 여러분은 '배움은 새로운 발견이다'라는 말이 반드시 옳지만은 않다는 것을 알게 되었을 겁니다. 플라톤은 지식이 '성찰의 노력을 통해 되살린 기억'이라고 말합니다. 그렇습니다. 이 책에 있는 모든 내용도 여러분은 이미 다 알고 있었다는 거죠!

> 질문을 잘 던지면서 사람들에게 물으면 그들은 스스로
> 각각의 사실에 대한 진리를 발견한다.
>
> – 플라톤,《메논》

 이 주제에 관해 참고할 책

《메논》| 플라톤 지음 | 이상인 옮김 | 이제이북스 | 2009

200

배워서 알게 된 지식과 깨달음을 통해 얻은 지식 사이에는 어떤 차이가 있나?

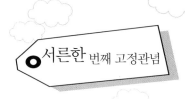

" 설득하는 것은
납득시키는 것이다? **"**

플라톤
(Plato,
BC 427~BC 346)

이 근본주의적 사상가는 자신의 학교, 아카데미아를 설립하고 40년간 제자들을 가르쳤다. 그리고 이 학교는 그가 죽은 후에도 250년간 지속했다. 서양문화에서 철학자로서 플라톤의 위대함은 철학자 화이트헤드의 다음과 같은 글이 입증한다. "서양 철학은 플라톤의 〈대화편〉에 달린 각주의 연속에 불과하다."

"여러분, 저는 오늘 제 정치적 비전을 가지고 여러분을 설득하고 자 이 자리에 나왔습니다. 제가 꿈꾸는 미래의 실현 가능성을 제시 하여 여러분을 충분히 납득시킬 수 있다고, 저는 확신합니다."

선거 때 정치가들의 유세를 들어보면 설득이나 납득을 같은 의 미로 사용하는 것 같습니다. 정치가는 설득력이 있어야 하고, 자신 의 정치적 비전을 국민에게 납득시키는 사람입니다. 정치가에게 는 다른 사람들로 하여금 자기 생각에 동조하게 하는 일이 무엇보 다도 중요하겠죠. 그래야 표를 얻고 선거에서 승리할 테니까요. 그 래서 유권자를 설득하거나 납득시키는 일은 똑같은 활동이라고 할 수 있습니다.

과연 그럴까요?

플라톤은 설득하는 것과 납득시키는 것이 서로 전혀 다른 담론의 기술이라고 말합니다.

설득은 상대방의 감성과 정서에 호소하여 무엇인가를 믿게 하는 행동입니다. 그것은 유혹하고, 관심을 끌고, 매혹하는 행동입니다. 그렇게 해서 원하는 것을 얻어내려면 상대의 감정을 배려하고 그의 마음에 들어야겠죠.

플라톤은 설득이 궤변론자들의 기술이라고 했습니다. 그들은 말의 내용보다는 형식을 중요시하는 사람들입니다. 실제로 궤변론자들은 수사학적 기술을 이용하여 어떠한 주장이 진실이든 거짓이든 간에 그것을 완벽하게 방어할 수 있다고 큰소리쳤습니다.

오늘날에는 '사교(邪敎)'라고 부르는 종교집단에서 그와 비슷한 사례를 찾아볼 수 있죠. 사교의 교주는 대체 어떤 재주를 지녔기에 매우 비합리적이고 때로 위험한 생각들로 신도들을 열광하게 하는 걸까요? 그의 비결은 말의 내용이 아니라, 바로 말재주와 카리스마에 있습니다. 이처럼 사람들은 상대를 설득할 때 수사학이나 거창한 말솜씨를 이용합니다.

의식적이든, 무의식적이든 설득은 분명한 진실을 말하는 것처럼 보이지만, 사실은 전혀 유효성 없는 담론을 이용합니다. 이러한 궤변을 하나하나 뜯어보면 사람들을 현혹하는 내용이 숨어 있음을 알게 되죠. 예를 들어 상대방의 동정심에 호소한다든가(상대방의 약한 마음을 이용하여 거절하지 못하게 하는 수법), 인신공격을 한다든가(어떤 사람의 주장을 비판하기보다는 그 사람의 신뢰도를 추락시키는 방법), 다수의 생각을 대변한다든가(모든 사람이 그렇게 생각하니 그것은 옳을 수밖에 없다는 식의 주장), 모든 것을 일반화하는 등의 담론 기술을 이용하는 겁니다.

반면에 철학자는 '납득'이라는 방법을 사용합니다. 철학자는 형식보다는 내용을 중요시하죠. 납득은 유혹이 아니라, 증명과 증거를 이용합니다. 합리적이고 논리적인 주장은 반론의 여지가 없으므로 상대는 그의 추론을 납득하고 인정하게 됩니다.

상대를 납득시킬 수 있는 사람은 사고를 통해 상대의 동의를 얻어냅니다. 그의 신념은 상대의 감성이 아니라 정신에 작용하니까요. 판사가 판결을 내릴 때 그 판결의 정확한 근거를 스스로 납득할 수 있어야지, 피고나 원고의 언변에 설득당해서는 안 되겠죠.

혹시 여러분도 '설득하는 것은 납득시키는 것이다'라는 정확하지 않은 주장을 인정하고 있었다면, 이제부터라도 설득과 납득의 차이에 주의를 기울여야 합니다. 설득은 담론의 진실성과는 무관하게 상대를 유혹하는 수사적 기술이고, 납득은 엄격한 논리적 증명을 통해 상대가 스스로 나의 주장을 인정하게 하는 이성적 대화의 결과입니다.

웅변가는 무지한 사람들 앞에서 자신이 유식한
사람으로 비치는 것이 중요할 뿐, 실제로 진리를
안다는 것은 그리 중요하게 여기지 않는다.

– 플라톤, 《고르기아스》

 이 주제에 관해 참고할 책

《플라톤이 본 소크라테스의 도덕 정치철학》 | 박규철 지음 | 동과서 | 2003

내가 설득당했지만 납득하지는 않았던 사례는 어떤 것인가?

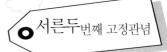

" 신중한 사람은
위험을 감수하지 않는다? "

아리스토텔레스

(Aristoteles,
BC 384~BC 322)

그리스 북쪽 마케도니아 스타게이로스에서 출생했다. 조숙한 학생으로 17세에 플라톤
의 아카데미아에 들어갔다. 그의 스승은 그를 '우리 학교의 지성'이라고 불렀다. 처음
아리스토텔레스는 플라톤의 철학을 추종했으나 이후에 그의 철학과 결별했다. 자신이
'플라톤 편이지만, 더 많은 진리를 알고 있다'는 것이 결별의 이유였다.

사람들은 신중하다는 것을 위험을 감수하지 않는다는 뜻으로 이해하는 것 같습니다. 모든 일에 조심하고, 조급하게 행동하지 않고, 위험한 일은 아예 피해버리는 태도를 신중하다고 말하는 것 같습니다.

맞는 말입니다. 신중한 사람이 왜 위험한 일을 하여 사고나 손해를 자초하겠습니까?

과연 그럴까요?

아리스토텔레스는 신중하다는 것이 모험을 포기하거나, 위험을 피하려 한다는 의미가 아니라, 지혜롭게 행동한다는 것을 뜻한다고 말합니다. 어떤 상황에서 과연 어떻게 행동하는 것이 좋은가를 말한다는 거지요. 다시 말해 최선의 해결책을 선택하는 것을 뜻한다는 겁니다. 그러니까, 신중하게 행동한다고 해서 모험하지 않거나, 위험을 피하는 것은 아니라는 얘기죠.

예를 하나 들어볼까요?

승객의 안전을 책임진 비행기 조종사는 교본에 나오는 지시사항을 정확하게 따르는 것이 매우 중요합니다. 그의 직업에 신중함이 요구되는 것은 당연한 일이죠.

하지만 태풍을 만난다든지, 엔진에 이상이 생기는 등 긴박한 사태가 발생하면, 조종사는 위험을 감수하지 않을 수 없습니다. 그럴 때 승객과 비행기의 안전을 최우선으로 생각하고 대응책을 '신중하게' 선택해야 합니다. 그러니까, 그런 위기 상황에서 최선의 선택을 하는 신중한 조종사는 위험을 피하는 사람이 아니라, 위험을 감수하는 사람입니다.

일상생활이나 직장에서도 우리는 이런 경우를 흔히 보게 됩니다. 예를 들어 아무리 일해 봤자 승진하기는 어려워 보이는 직장에 다니는 사람이 있다고 가정합시다. 그 사람은 직장을 옮기거나 창업해서 승부를 걸어보고 싶겠지만, 그런 결정에는 위험이 따릅니다. 이럴 때 '단기적 안목'이 있는 신중한 사람은 '넘어지느니, 버티는 편이 낫다'고 생각해서 다른 곳에서 자신의 능력을 발휘하기를 포기하거나, 새로운 일을 시작하지 않으려고 합니다. 반면에 '장기적 안목'이 있는 신중한 사람은 그런 상태로 10년을 더 보낼 수는 없다고 판단합니다. 그래서 정보를 수집하고, 고용시장의 가능성을 타진하고, 자신의 능력을 객관적으로 평가한 다음, 위험을 감수하고 새로운 일을 시작할 겁니다. 소위 '계산된 위험이론'을 따르는 거죠.

　여러분은 이제 이해하셨겠지만, '신중한 사람은 위험을 감수하지 않는다'는 생각은 정확하지 않습니다. 아리스토텔레스가 말하는 신중함은 '위험을 피하겠다'는 단순한 생각과는 거리가 멉니다. 신중한 사람은 위험을 감수할 줄 알고, 심지어 더 큰 위험을 피하고자 위험을 자초할 줄 아는 지능과 유연성을 갖추고 있습니다. 신중한 사람은 위험도 위기도 배제하지 않습니다. 오히려 그는 위험과 위기에 맞서는 사람입니다.

211

신중한 사람은 자신에게 무엇이 좋고 유리한지,
어떤 것들이 자신을 행복한 삶으로 인도하는지
정확하게 분간하는 능력이 있는 사람이다.

– 아리스토텔레스, 《니코마코스 윤리학》

 이 주제에 관해 참고할 책

《니코마코스 윤리학》 | 아리스토텔레스 지음 | 최명관 옮김 | 창 | 2008

나는 어떤 계기로 신중하게 위험을 감수한 적이 있나?

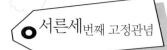

"
아무것도
잊어버려선 안 된다?
"

프리드리히 니체

(Friedrich Wilhelm
Nietzsche, 1844~1900)

이해하기 어려운 철학자이다. 그는 자신의 사고를 주제에 따라 일종의 경구와 같은 형
태로 전개했다. 이 독일 철학자의 책에서는 내용이 형태를 통해 드러난다. 니체는 모든
체제를 부정했기에 사고 역시 언제나 앞으로 실현될 잠재적인 형태로 남아 있어야 한
다고 주장했다. 다시 말해 이미 정해진 형태 안에 고착되어서는 안 된다는 것이다. 그
의 경구는 사고의 자연스럽고 자발적인 면모를 보인다. 바로 그런 점에서 그는 아주 적
절하게도 자신의 작품을 미로(迷路)에 비유했다.

"기억해 둬! 잊어버리면 안 돼."
"기억력이 좋은 사람이 머리가 좋은 사람이야."

우리는 살아가면서 자주 이런 말을 듣습니다.

그렇습니다. 오늘날 망각은 평판이 그리 좋은 것 같지 않습니다. 무언가를 잘 잊어버리는 사람은 일상생활에서도 큰 곤란을 겪곤 하죠. 반면에 기억과 기억력은 누구에게서나 좋은 평가를 받고 때로 분에 넘치는 존중도 받습니다.

'역사를 기억해야 할 의무'에서부터 환자의 과거를 끊임없이 뒤지는 정신분석학의 유행에 이르기까지 기억은 시대의 화두가 되었습니다. 기억력의 비결을 소개하는 책이 불티나게 팔리고, 기억력이 좋아지는 약을 먹는 사람도 있습니다. 기억에 관한 정보는 바

야흐로 대단한 인기를 끌고 있습니다.

　이런 상황에서 기억에 반대되는 망각은 약점이고, 어떡하든 치유해야 할 장애입니다.

　과연 그럴까요?

　어떤 철학자들은 망각이야말로 위대한 힘이라고 역설합니다.

　예를 들어 니체는 망각이 절대적으로 필요하다고 말합니다. 그는 역사도 기억도 과거도 불신합니다. 왜냐면 그런 것들은 우리가 현재 이 순간에 행동하지 못하게 하는 짐이 될 수 있다는 거죠. 그렇습니다. 과거의 무게가 너무 무거울 때 우리는 삶에 제동이 걸리고 자유롭게 사고하지 못하게 하는 부동의 원칙에 갇혀 꼼짝도 못하게 됩니다.

　행복해지려면 과거의 늪에서 허우적거려서는 안 된다고, 니체는 말합니다. 과거에서 벗어나지 못하면 우리는 후회와 원망 속에서 살아가게 됩니다. 망각을 찬양하면서 니체는 또한 정신의 가벼움과 판단의 자유를 찬양합니다.

　여러분이 외국으로 긴 휴가를 떠났다고 상상해 봅시다. 얼마간 시간이 흐르고 나면 새로운 환경에 적응하고 또 새로운 생활습관이 생기겠죠. 그리고 그동안 지표로 삼으며 살았던 많은 것을 잊어버립니다.

휴가를 마치고 다시 이전 생활로 돌아왔을 때 여러분은 거의 해방된 것처럼 삶이 가벼워졌다는 인상을 받을 겁니다.

이처럼 장기간의 외국생활이 여러분에게 좋은 효과를 내는 것은 외국에서 느낀 이국정서나 의무에서 벗어났다는 홀가분함 말고도 다른 원인이 있습니다. 그것은 바로 망각입니다. 여러분의 책임이나 의무, 단조롭고 기계적인 일상, 이제까지 여러분에게 부과되었던 모든 것을 잊어버렸기 때문이죠.

그와 마찬가지로 사고의 영역에서도 우리가 이미 알고 있던 모든 것, 모든 편견을 의도적으로 망각함으로써 우리는 앞으로 나아갈 수 있습니다.

데카르트가 그동안 습득하고 분명하다고 믿었던 모든 지식을 한꺼번에 버렸을 때 그 결과는 혁명적이었습니다. 그것이 바로 《방법서설》이었다는 것은 누구나 아는 사실이죠.

이제 여러분은 '아무것도 잊어버려선 안 된다'는 교훈을 잊어버려야 할 겁니다. 만약 우리가 아무것도 잊어버리지 않는다면, 니체가 말했듯이 '잠들지 못하게' 강요당한 사람 꼴이 되고 말 겁니다. 망각은 우리로 하여금 무거운 과거와 전통의 짐에서 벗어나게 해주고, 새로운 것에 자리를 내주어 우리가 더 자유롭게, 더 행복하게 사는 길을 열어줍니다.

217

망각의 능력이 없다면, 어떤 행복도, 어떤 평정도, 어떤 희망도, 어떤 자긍심도, 이 순간의 어떤 기쁨도 존재할 수 없다.

– 니체, 《도덕의 계보학》

 이 주제에 관해 참고할 책

《도덕의 계보학》 | 프리드리히 니체 지음 | 강영계 옮김 | 지만지고전천줄 | 2008

내가 아직도 잊지 못하는 괴로운 기억은 무엇인가?

**"미래의 행복에 대한 기대를
버려서는 안 된다?"**

블레즈 파스칼
(Blaise Pascal, 1623~1662)

파스칼은 천재 소년이었다. 열한 살에 물리학 논문을 썼고, 열두 살 때에는 기하학에 관한 논문을 썼다. 열여덟 살에는 아버지의 일을 돕고자 '파스칼린'이라고 이름을 붙인 계산기를 발명했다. 문학의 고전이자 철학적 업적인 《팡세》는 종교를 포함한 다양한 주제에 대한 그의 글을 모아 놓은 것이다. 이 글은 그의 사후에 발견되어 출간되었다.

누구나 행복을 원합니다.

우리가 살아가는 목적도 행복해지는 데 있습니다. 행복이 없다면 이토록 고단하게 살아갈 필요가 없지 않겠습니까? 게다가 이세상 모든 것이 행복을 위해 돌아갑니다. 우리에게 즐거움을 주는여가, 우리 능력을 꽃피게 하는 직업(늘 그런 것은 아니지만), 우리를사랑하는 주변 사람들… 수많은 잡지와 책과 방송과 인터넷 기사는 어떻게 하면 사랑과 직업과 가족과 친구와 사회와 맺는 관계에서 행복을 찾을 수 있는지 열심히 충고합니다. 이 모든 것이 결국우리가 얼마나 간절히 행복을 원하고 있는지를 말해주죠.

우리가 행복을 추구하는 것은 너무도 당연한 일입니다.

과연 그럴까요?

파스칼은 행복을 추구하는 것이 오히려 절대로 행복해질 수 없는 가장 확실한 길이라고 말합니다.

네, 그렇습니다. 우리가 앞으로 다가올 행복을 찾는다면, 우리의 관심은 늘 미래를 향해 있고, 행복도 언제나 미래에 있을 겁니다. 언젠가는, 언젠가는 행복할 거라 믿는 우리에게 행복은 늘 미래에 있으니 결코 지금 이 순간에 있을 수 없겠죠. 우리는 행복을 상상하고, 희망하고, 기다리지만, 결코 그 행복을 누릴 수 없을 겁니다. 늘 행복을 '찾을 뿐', '누리지 못하는' 상태로 살아가겠죠.

그렇다면, 우리는 왜 현재를 충만하게 살아가고, 행복을 만끽하지 못하는 걸까요?

파스칼은 우리가 미래를 향했던 시선을 현재로 돌리는 순간, 현재 자신의 모습을 직면하고, 권태에 빠지기 때문이라고 합니다. 파스칼이 말하는 권태는 우리 모두 운명적으로 맞이하게 될 허무, 소멸, 죽음을 직시하는 상황을 말합니다. 그래서 인간은 반사적으로 뭔가 다른 일에 바쁘게 몰입합니다. 파스칼은 이것을 '위락'이라고 부릅니다. 다시 말해 인간은 힘든 작업이든, 신 나는 오락이든 무언가에 몰입해서 무의식적으로 자기 존재의 허망함을 외면하려고 애쓴다는 거죠. 그렇게 정신을 다른 곳으로 돌리면 우리를 기다리는 운명적인 종말을 잠시라도 잊을 수 있기 때문입니다.

무언가에 대한 열중과 몰입은 마치 우울증 치료제처럼 우리 정신을 사로잡습니다. 그러나 지금 이 순간의 현실을 직면하고 그 현실을 온전히 살아가기보다는 보상적인 행동을 통해 끝없이 다른 곳으로 관심을 돌리고, 그것에 몰입하는 인간은 불행할 수밖에 없습니다. 파스칼은 이렇게 말합니다. "인간의 모든 불행은 침실에서조차 편안히 휴식할 줄 모른다는 오직 한 가지 사실에서 비롯한다."

그러나 만약 위락이 없다면, 종말이 예견된 인간으로서 비참한 우리 운명은 과거의 기억을 떠올리게 합니다. 파스칼은 말합니다. "그래서 인간은 놀이와 여자들의 수다와 전쟁과 대단한 일들을 찾게 되는 것이다."

이제 여러분은 '미래의 행복에 대한 기대를 버려서는 안 된다'라는 말의 허점을 발견했을 겁니다. 인간은 권태를 피하고, 불행해지지 않으려고 스스로 온갖 일을 만들어내고 거기에 몰두합니다. 그러나 그런 활동에 몰입하고, 늘 더 아름답고 더 완벽한 행복을 찾는 인간은 결코 그가 바라는 행복에 도달하지 못합니다. 역설적으로, 불행해지지 않으려고 끝없이 미래의 행복을 찾다 보면 절대로 행복해질 수 없기 때문입니다. 행복은 먼 곳에 있지 않다는 파스칼 선생의 말씀!

223

우리는 삶을 살기보다는 희망한다.
그리고 우리는 언제나 행복해지려고 애쓴다.
그러다 보면 필연적으로 결코 행복해질 수 없다.

– 파스칼,《팡세》

이 주제에 관해 참고할 책

《팡세》| 블레즈 파스칼 지음 | 이환 옮김 | 민음사 | 2003

미래의 행복을 위해 불행한 오늘을 사는 주변의 예를 생각해보자.

서른다섯번째 고정관념

" 돈이 많을수록
더 큰 부자다? "

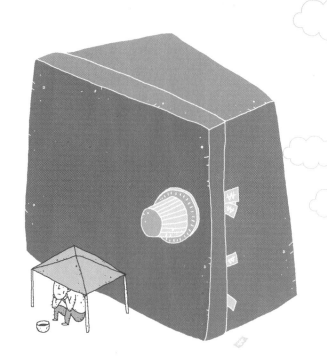

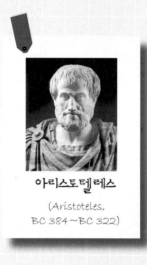

아리스토텔레스

(Aristoteles,
BC 384~BC 322)

플라톤이 죽고 나서 기대와는 달리 아카데미아의 수장이 되지 못하자, 아리스토텔레스
는 실망하여 마케도니아로 돌아간다. 그리고 필리포스 2세의 아들을 가르치게 되었다.
그가 바로 세상을 뒤흔들어놓을 미래의 알렉산드로스 대왕이다. 아리스토텔레스는 그
에게 정치학, 자연과학, 문학을 가르쳤고 특히 《일리아스》를 강의했다. 얼마 후 아리스
토텔레스는 아테네로 돌아왔지만, 또 한 번 아카데미아의 수장 자리를 놓쳤다. 결국,
그는 리케이온에서 자신의 학원을 열었다.

아! 돈이라….

　우리는 매일 돈을 씁니다. 돈을 벌려고 일하고, 돈이 떨어질까 봐 늘 걱정합니다. 누구나 부자가 되고 싶은데, 돈이 바로 부(富)를 뜻합니다. 우리가 많은 돈을 벌고 싶어 하는 이유는 돈이 바로 자유를 주기 때문입니다. 돈만 있다면 생계나 의무에 얽매이지 않고 원하는 모든 것을 할 수 있으며, 궁극적으로 자신을 마음껏 실현할 수 있습니다. 부자들은 바로 그런 자유를 누리고 있고, 그래서 돈이 많을수록 더 큰 자유를 누리는 더 큰 부자가 됩니다.

　과연 그럴까요?

　어떤 철학자들은 돈이 부자를 만들지는 않는다고 말합니다.
　예를 들어 아리스토텔레스에 의하면 진정한 부는 인간이 살아

227

4장 _ 지혜롭게 생각하기

가는 데 반드시 필요한 재화(財貨)를 뜻합니다. 제대로 먹고, 마시고, 자고, 입고, 가족이 살아가는 데 필요한 것들이 곧 부라는 거죠. 따라서 부유하다는 것은 이런 활동에 필요한 재화를 지니고 있음을 뜻합니다.

그런데 돈을 먹거나 마시거나 입을 수는 없죠. 그래서 돈 자체가 부는 아니고 단지 교환의 수단이라고, 철학자는 말합니다.

"돈은 허구에 불과하고, 돈의 가치는 법이 그것에 부여한 가치일 뿐이다."

돈이 부가 아니라면, 돈이 많은 사람은 왜 자신을 부자라고 생각하는 걸까요?

왜냐면 돈을 원할 때 돈은 단순히 교환의 수단이 아니라 목적이 되고, 목적이 된 돈은 힘을 상징하기 때문입니다.

구두쇠의 예를 들어봅시다. 그는 악착같이 돈을 모아 한 푼도 쓰지 않고 모아둡니다. 그는 돈을 위해 돈을 원할 뿐, 재화를 얻는 데 그 돈을 사용하지 않습니다. 엄청난 돈을 가지고 있어도 자신은 마치 세상에서 제일 가난한 사람처럼 비참하게 살아갑니다.

몰리에르의 작품《수전노》에 등장하는 인물, 아르파공은 그 대표적인 예입니다. 금고에는 금화가 넘쳐나지만, 그는 세상에 둘도 없는 거지꼴을 하고 살아갑니다. 왜냐면 자기 생명과도 같은 일만 개의 금화가 들어 있는 소중한 금고에서 한시도 떨어지지 않으려고 하기 때문이죠. 그는 자기가 모은 돈을 두고 이렇게 말합니다.

"나의 지주, 나의 위안, 나의 기쁨이여!"

그러나 그의 돈은 그를 부자로 만들어주지 못합니다. 왜냐면 그는 어떠한 물질적 부도 소유하고 있지 못하니까요.

그럼, 금융위기는 어떤가요? 시장이 무너지면 주식이나 채권의 형태로 돈을 가지고 있던 사람들은 모든 것을 잃고 대번에 알거지가 되어버립니다. 그러나 많은 재화를 가진 사람들은 여전히 부자로 남아 있죠.

이제 여러분은 '돈이 많을수록 더 큰 부자다'라는 생각이 잘못되었다는 것을 알았을 겁니다. 부는 돈이 아니라 살아가는 데 꼭 필요한 기본적인 재화를 의미합니다. 돈이 많다고 해서 부자가 되는 것도 아니고, 돈을 수단이 아니라 목적으로 삼는 것도 어리석은 짓입니다. 돈만 원한다면 그리스의 전설적인 왕 미다스와 같은 운명에 놓이겠죠. 미다스는 디오니소스 신에게 건드리는 것마다 모두 황금으로 변하게 해달라고 애걸합니다. 신은 그의 소원을 들어주죠. 그런데 미다스가 음식을 먹으려 하자, 입술에 닿는 순간 음식은 금으로 변해버립니다. 그래서 결국 미다스 왕은 굶어 죽었습니다.

> 돈은 우리에게 부족한 것을 구하는
> 교환의 수단이 되어야 한다.
>
> – 아리스토텔레스, 《니코마코스 윤리학》

이 주제에 관해 참고할 책
《니코마코스 윤리학》 | 아리스토텔레스 지음 | 최명관 옮김 | 창 | 2008

세상에서 돈과 바꿀 수 없는 것은 무엇인가? 왜 바꿀 수 없나?

" 진정으로 원하면
무엇이든 이루어진다? "

바뤼흐 스피노자
(Baruch Spinoza,
1632~1677)

네덜란드 암스테르담에서 태어났다. 처음에는 유대교단의 학교에 다니다가, 더욱 개
명한 사람들과 교류하면서 데카르트의 철학을 발견했다. 그는 오직 철학적 신이 존재
할 뿐이라는 생각을 옹호하다가 유대교에서 파문당했다. 그는 범신론적 사고에서 '신
은 곧 자연이다'라고 주장했다. 그가 말한 신은 비인격적 신으로서, 창조자도, 선한 존
재도 아닌, 도덕과 무관한 신이었다. 이런 생각 때문에 그는 무신론자로 몰려 비판받
았다. 그는 평생 결혼하지 않았고, 명성에 연연하지 않았으며, 여가에 렌즈를 갈아서
생활비를 조달했다. 마지막 저술 《국가론》을 남기고 폐결핵으로 죽었다.

사람들은 무엇이든 진정으로 원한다면 이룰 수 있다고 믿습니다.

　서점에 나가보면, 소위 '자기계발서'라고 불리는 수많은 책이 쌓여 있습니다. 개중에는 수백만 권이 팔린 베스트셀러도 있습니다. 그리고 그런 책을 쓴 사람들은 엄청난 돈을 벌어들이기도 합니다. 그만큼, 성공을 원하는 사람들의 소원이 간절하다는 뜻도 되겠죠.

　우리 주변에는 늘 이렇게 말하는 사람이 있습니다.

　"의지만 있다면 세상에 못 할 일이 없어. 실패하는 이유는 네 의지가 부족했기 때문이야."

　그런 이야기를 듣다 보면, 진심으로 무언가를 원한다면 그것을 꼭 얻을 수 있고, 이룰 수 있을 것 같은 기분이 듭니다.

　과연 그럴까요?

예를 하나 들어보죠. 나는 담배가 몸에 해롭다는 것을 잘 알고 있지만, 대번에 끊지 못합니다. 살을 빼야겠다고 생각하면서도 맛있는 음식만 보면 나도 모르는 사이에 손이 먼저 나갑니다. 규칙적으로 운동해야겠다고 단단히 마음먹지만, 게으른 탓에 결심이 며칠을 가지 못합니다.

왜 그럴까요?

스피노자는 우리의 의지가 어떤 상황에서나 자유롭게 작동하지 못하기 때문이라고 설명합니다. 인간 역시 다른 모든 생명체와 마찬가지로 자연에 의해 '결정된' 존재여서 스스로 자유롭게 선택하지 않은 충동이나 성향의 지배를 받는다는 거죠.

우리가 어떤 강한 의지를 품게 되는 이유는 하나의 분명하고 일관된 욕망이 작용하기 때문입니다. 반면에 우유부단한 상태에 있는 이유는 상반된 여러 가지 욕망이 서로 길항하여 갈피를 잡지 못하기 때문입니다.

예를 들어서 나는 흡연이 건강에 해롭다는 것을 잘 알지만, 그와 동시에 내 마음속 저 깊은 곳에서는 흡연이 포기할 수 없는 쾌락을 준다는 것도 알고 있습니다. 그래서 나는 담배를 끊지 못하는 무력함에 빠지면서도, 계속 담배를 피운다는 사실에 죄의식을 느끼는 겁니다.

만약 내가 단호하게 금연을 결심한다면, 그것은 니코틴 중독에서 벗어나겠다는 욕망이 다른 어떤 욕망보다도 더 강하게 내 정신에 영향을 미친 결과입니다. 그럴 때 금연의 욕망은 가장 강력하고 가장 높은 명령처럼 내게 부과됩니다.

어떻게 그럴 수 있느냐고요?

나의 외부에 있는 새로운 요소, 이전의 다른 어떤 요소보다도 훨씬 강력한 요소가 나로 하여금 이런 생각을 따르게 하고, 이런 선택을 하도록 강요하기 때문입니다. 예를 들어 암에 대한 두려움 이나 누렇게 변하는 치아나, 거칠어지는 목소리나 주변 사람들의 건강을 해칠지도 모른다는 우려가 강하게 작용하는 거죠. 이미 오 래전부터 담배를 피우는 것이 내 건강에 해롭다는 사실을 잘 알고 있었지만, 지금까지는 그것이 내가 금연의 결단을 내릴 정도로 강 하게 작용하지는 않았던 겁니다.

이처럼 우리는 이성만으로 어떤 욕망을 실현할 수 없습니다. 불행하게도, 우리가 변화하는 데에는 어떤 행동을 하는 것이 옳다 는 사실을 아는 것만으로는 충분하지 않습니다! 그래서 세상에는 악덕이나, 나쁜 습관이나, 중독이나, 의존성 같은 것이 사라지지 않고 여전히 존재하는 겁니다.

스피노자는 우리가 이성의 지배만을 받는 것이 아니라, 우리 내면에 있는 다양한 욕망의 지배를 받는다고 말합니다. 그런데 욕 망은 우리 마음대로 할 수 있는 것이 아니라, 이성 이외의 요인들 에 의해 결정됩니다. 그래서 무언가를 자유롭게 원할 수도 없고, 또 의지가 없느냐는 문제 역시 우리가 결정할 수 없습니다.

235

이제 여러분은 '진정으로 원하면 무엇이든 이루어진다'는 주장이 말처럼 쉽지만은 않다는 사실을 알게 되었을 겁니다. 사람들에게 꿈을 팔아 성공하는 수많은 베스트셀러 작가들의 주장과는 달리, 우리는 마음속으로 간절히 원하는 것만으로 원하는 것에 도달할 수 없습니다. 스피노자는 의지가 우리 결정에 달린 것이 아니라고 말합니다. 왜냐면 우리는 자신의 내면에 깃든 여러 가지 힘, 서로 길항하는 다양한 힘을 자유롭게 통제할 수 없기 때문입니다. 오로지 인식만이 우리를 이런 종속 상태에서 벗어날 수 있게 해줍니다. 다시 말해 우리가 어떤 원인으로 의존적인 상태가 되었는가를 아는 것만으로도 벌써 한 걸음 앞으로 나아갔다고 할 수 있겠죠.

우리는 끊임없이 밀려오는 파도나
서로 다른 방향에서 불어오는 바람처럼
외적인 원인에 의해 다양한 방식으로 동요한다.
우리는 우리 운명을 모르는 채 세상을 떠다닐 뿐이다.

– 스피노자,《에티카》

 이 주제에 관해 참고할 책
《에티카》| 베네딕트 드 스피노자 지음 | 강영계 옮김 | 서광사 | 2007

원하는 것은
희망하는 것이다?

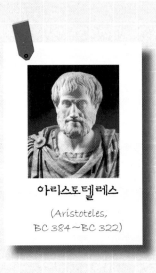

아리스토텔레스

(Aristoteles,
BC 384~BC 322)

그는 동물학의 시조였다. 그는 자연의 단계에 따라 모든 생물을 분류했다. 그가 말한
자연의 단계는 생명이 없는 물질에서부터 식물까지, 해면동물, 해파리, 연체동물에서
포유류 그리고 인간에 이르기까지 영혼의 상태에 따라 단순한 것에서 복잡한 것의 순
서로 분류한 생물의 체계를 말한다.

무언가가 필요할 때, 우리는 그것을 원하고, 희망합니다. 우리는 대부분 원하는 것이나 희망하는 것이나 같은 것으로 생각하지요. 만약 내가 피겨스케이팅 챔피언이 되기를 희망한다면, 나는 무슨 일이 있어도 올림픽과 같은 경기에서 상대를 누르고 이기기를 원합니다. 이럴 때 희망은 의지와도 같은 것입니다. 여러분도 그렇게 생각하겠지만, 우리는 희망하기에 원하고, 원하기에 희망합니다.

과연 그럴까요?

아리스토텔레스는 원하는 것과 희망하는 것이 전혀 다르다고 말합니다. 왜냐면 희망에는 의지가 개입하지 않기 때문입니다.

무언가를 원할 때에는 실질적이고 능동적인 자세가 필요합니다. 내가 무언가를 원할 때, 나는 이미 그것을 얻겠다는 생각을 품고 있습니다. '나는 피겨스케이팅 챔피언이 되기를 원한다'고 말할 때 그런 목적에 도달하기 위해 모든 노력을 기울이겠다는 의지가 이미 포함되어 있다는 거죠.

반면에 내가 무언가를 희망할 때 나는 내면에서 형성되는 어떤 경향을 수동적으로 따라갈 뿐입니다. 만약 내가 피겨스케이팅 챔피언이 되기를 '희망'한다면, 그 희망은 영원히 이루어지지 않은 상태로 남을 확률이 높습니다.

사실, 우리는 무엇이든 희망할 수 있습니다. 예를 들어 내일 날씨가 좋기를 희망하고, 나를 한 번도 사랑한 적이 없는 사람이 나를 사랑해주기를 희망할 수도 있습니다. 비록 그런 희망을 이루려고 실제로 어떤 행동을 하지 않더라도, 그런 희망은 늘 유효합니다.

하지만 우리는 내일 날씨가 좋기를 '원할' 수는 없습니다. 왜냐면 그것은 우리에게 달린 문제가 아니기 때문이죠. 다시 말해 우리는 불가능한 것을 희망할 수는 있지만, 원할 수는 없습니다.

아리스토텔레스는 여기서 한 걸음 더 나아갑니다. 우리는 어떤 부정적인 것을 '희망'할 수는 있지만, 우리가 '원할' 수 있는 것은 스스로 긍정적이라고 여기는 것뿐이라고 말합니다. 왜냐면 의지는 이성이 개입된 희망의 형태이기 때문이랍니다.

무언가를 원한다는 것은 그것을 생각하고, 선택하고, 더 낫다고 판단한 방향으로 행동하는 것을 의미합니다. 의지는 우리에게 해로운 대상을 향하게 할 수 없습니다. 예를 들어 내가 단단히 결심하고 다이어트를 시작했을 때, 눈앞에 보이는 초콜릿 무스를 '희망'할 수는 있지만, '원할' 수는 없다는 거죠.

이제 여러분은 '원하는 것은 희망하는 것이다'라는 생각이 어휘의 혼란에서 비롯했음을 알았으리라 믿습니다. 이 두 표현 사이에는 엄청난 차이가 있습니다. 우리는 원하는 것을 희망하지 않고, 희망하는 것을 원하지 않습니다. 의지는 이성적으로 작동하지만, 희망은 저절로 이루어지기를 바라는 것을 뜻합니다. 그래서 우리가 무언가를 희망한다고 말할 때, 그것은 우리가 진실로 원하는 것은 아닌 경우가 흔한 겁니다.

241

{ 의지를 품은 모든 것이 향하는 대상은 바로 선(善)이다. }

– 아리스토텔레스, 《니코마코스 윤리학》

 이 주제에 관해 참고할 책

《니코마코스 윤리학》 | 아리스토텔레스 지음 | 최명관 옮김 | 창 | 2008

내가 원하는 것과 희망하는 것을 혼동한 사례에는 어떤 것이 있나?

" 쾌락주의자는
쾌락을 좇는 사람이다? "

에피쿠로스

(Epikouros,
BC 342~BC 271)

문법학자인 아버지와 마술사인 어머니 사이에서 태어났다. 서른다섯 살 때 아테네에서 '정원'이라는 이름의 학원을 세우고 네 가지 원칙에 따라 제자들을 가르쳤다. 첫째, 인간은 신을 두려워해서는 안 된다. 둘째, 인간은 죽음을 두려워해서도 안 된다, 셋째, 인간은 행복에 도달할 수 있다. 넷째, 인간은 고통을 견딜 수 있다.

"오늘은 한번 신 나게 놀아보자. 모든 걸 잊고 쾌락주의자들처럼 마음껏 즐기는 거야!"

쾌락주의자는 삶에서 오로지 쾌락만을 추구하는 사람이죠. 쾌락주의 시조인 그리스 철학자 에피쿠로스는 어떻게 하면 인생에서 더 많은 쾌락을 얻을 수 있는지 잘 알고 있었을 겁니다.

늘 책임과 의무와 일과 스트레스로 시달리는 우리는 어쩌다 한 번쯤은 쾌락주의자들처럼 아무 생각 없이 오로지 즐거움만을 추구하며 살아보고 싶다는 생각이 들기도 합니다.

오로지 쾌락만을 추구하며 살았던 에피쿠로스나 그의 제자들은 얼마나 즐거운 삶을 살았을까요? 생각만 해도 부럽습니다.

과연 그럴까요?

에피쿠로스의 말에 따르자면, 쾌락주의자는 우리가 상상하는 것과는 달리 쾌락을 추구한 사람이 아닙니다. 에피쿠로스는 단 한 번도 더 많은 쾌락과 더 많은 즐거움을 찾으라고 말한 적이 없습니다. 단지, 행복을 찾으라고 말했을 뿐이죠.

에피쿠로스에게 행복은 무엇이었을까요?

바로 육체의 균형과 영혼의 평안이었습니다. 이처럼 육체와 영혼이 균형 잡힌 안정 상태에 도달하려면 우리를 약하고, 의존적이고, 불안정하게 하는, 그래서 우리를 불행에 빠뜨리는 모든 욕망을 피해야 한다는 것이 그의 주된 생각이었습니다.

우리는 정말 맛있는 음식을 먹으면 거기서 쾌락을 느낄 수 있다고 믿습니다. 킹크랩, 푸아그라, 캐비아, 고급 샴페인! 평소에 맛보지 못했던 최고의 음식은 상상만 해도 군침이 돕니다.

그러나 에피쿠로스는 전혀 그렇게 생각하지 않았습니다. 만약 에피쿠로스가 죽지 않고 여태 살아 있어서 오늘 저녁 그의 집에 우리를 초대해서 음식을 대접한다면, 아마도 말라버린 빵 한 조각과 맹물 한 컵을 내놓을 겁니다. 왜냐면 인간에게 필요한 쾌락은 '자연스럽고 필연적인' 것이어야 한다고, 에피쿠로스는 생각했기 때문입니다. 그러니까, 배가 고플 때 밥을 먹고, 목이 마를 때 물을 마시는 것이 쾌락의 핵심이라는 거죠. 그럴 때 쾌락은 우리 육체가 느끼는 결핍을 해결해줄 뿐, 우리를 거기에 의존하게 하지는 않기 때문입니다.

하지만, 우리는 어떻습니까? 특히, 여성 여러분은 어떻습니까? 신상품으로 나온 예쁜 옷을 사고, 요즘 유행하는 액세서리를 쇼핑하고, 인기스타와 똑같은 헤어스타일로 머리 모양을 바꾸고 나면 정말 기분이 좋죠. 하지만 에피쿠로스는 그럴 때 느끼는 쾌락은 '자연스럽지만, 필연적이지는 않은' 쾌락이라고 말합니다. 그런 쾌락이 '욕구'가 되어 그것을 누리지 못하게 되었을 때 고통을 느끼는 상태에 빠져서는 안 된다는 거죠. 만약 그렇다면 우리 삶은 그런 욕구에 종속될 수밖에 없으니까요.

그런가 하면, 세상에는 '자연스럽지도 못하고, 필연적이지도 않은' 쾌락도 있습니다. 예를 들어 마약이나 도박에 빠지는 사람들이 그런 사례에 속하겠죠. 그리고 자신의 인생을 망치고, 다른 사람의 존엄성과 성실성에 해를 입히는 모든 종류의 사치와 허영도 거기에 속하겠죠. 이런 중독성 쾌락은 마땅히 지양해야 합니다.

247

이제 이해하셨겠지만, '쾌락주의자는 쾌락을 좇는 사람이다'라는 믿음은 너무 단순한 생각에서 비롯된 것입니다. 그러니 그런 고정관념은 버려야겠죠.

여러분은 살면서 여러 종류의 쾌락을 추구할 수 있습니다. 그럴 때 여러분은 '나는 인생을 즐기는 사람이다', 혹은 '나는 탐미주의자다'라고 말할 수는 있겠지만, 그것이 쾌락주의적인 자세라고 말할 수는 없습니다.

젊은 남녀가 하루가 멀다고 술을 마시며 모여서 놀고, 식탁에
진수성찬을 올린다고 해서 행복한 삶을 살아갈 수는 없다.
행복한 삶은 늘 깨어 있는 이성에서 비롯하기 때문이다.

– 에피쿠로스,《메네케오스에게 보낸 편지》

 이 주제에 관해 참고할 책

《쾌락》 | 에피쿠로스 지음 | 오유석 옮김 | 문학과지성사 | 1998

쾌락을 느끼고 나서 비참한 기분이 들었던 적이 있나? 그 이유는 무엇인가?

5분 철학 오프너

Coup de philo sur les ideés reçues

고정관념을 날려버리는

5분 철학 오프너

줄리아 드 퓌네스 지음 | 이나무 옮김

이숲

'고정관념'이라는 마개를 여는 철학 오프너

이 책은 2010년 프랑스 공영 TV 방송에서 진행한 프로그램을 책으로 엮은 것이다.

오후 5시 55분과 밤 11시. 미모의 젊은 여성 철학자가 화면에 등장하여 매일 한 가지 주제를 두고 흥미로운 철학적 담론을 펼친다. 주제는 일상적으로 당연하게 여기는 생각, 의심 없이 인정하는 진실, 맹목적으로 추종하는 믿음 등 한마디로 우리가 '고정관념'이라고 부르는 것들이다. 이렇게 40가지의 고정관념이 그녀의 서늘한 시험대에 올려진다.

이를테면 이런 식이다. 우리가 어떤 사물을 두 눈으로 보았다면, 그것을 확실하다고 믿을 수 있을까? 이기주의자는 오로지 자기 이익만 챙기기에 남에게는 전혀 도움이 되지 않는 사람일까? 일에 얽매인 사람은 일하지 않는 사람보다 자유롭지 못하다고 말할 수 있을까? 우리가 무언가를 진정으로 원하고 노력하는 것만으로 바람을 이룰 수 있을까?… 이 젊은 철학자는 그렇지 않다고 말한다. 그리고 이런 것들이 하나의 고정관념에 불과하다는 사실을 대표적 서양 철학자들의 주장을 통해 입증한다.

우리는 각자의 신념에 따라 각기 다른 자세로 세상을 살아가지만, 철학적으로는 그 자세를 두 가지로 구분할 수 있을 것이다. 하나는 일반적인 통념을 좇아 모든 것을 있는 그대로의 상태로 인정하며 살아가는 자세이고, 다른 하나는 지극히 당연해 보이는 사실조차도 의심하면서 전혀 새로운 관점에서 바라보려는 자세이다.

사실, 오늘날 대세가 '긍정적 사고'에 있는 만큼, 모든 것을 긍정적으로 생각하는 자세는 얼핏 보기에 개인이나 그가 속한 조직과 사회에 유익하고 현명한 것처럼 여겨질 수도 있다. 비록, 모순과 비합리성이 눈에 띄어도 그것을 문제 삼기보다는 전체적으로 긍정적인 측면을 부각해서 갈등 없이 살아가는 사람은 심리적으로도 안정될 수 있고, 또 조직이나 사회에서도 무리 없이 융화될 수 있을 것이다. 그러나 우리는 그런 사람에게서 놀라운 창의력이나 혁신의 의지를 기대할 수는 없다.

우리는 늘 침묵하는 다수보다는 문제를 제기하는 소수의 힘에 기대어, 더디지만 조금씩 더 나은 세상을 만들어 왔다. 아무도 문제를 제기하지 않았다면, 마치 병마개를 따듯이 창의적 사고의 오프너로 뿌리 깊은 고정관념을 날려버리지 않았다면, 지구는 평평하고, 태양은 지구 주위를 돌며, 바람은 어느 동굴에서 잠자는 거대한 신이 내뿜는 숨이라고 여전히 믿으며 살고 있을 것이다. 여성은 남성보다 열등하고, 백인은 정문으로 흑인은 후문으로 출입해야 하며, 센 자가 약한 자를 잡아먹는 것이 당연한 세상에서 살고 있을 것이다. 그리고 마치 병 속에 갇힌 탄산수처럼 부글부글 끓는 인간의 천재성과 창의성을 여전히 '고정관념'이라는 병마개가 단단히 틀어막고 있었을 것이다.

　이 책에 소개된 40가지 고정관념을 뒤집어엎는 신선한 담론들은 성격상 네 가지로 구분된다. 1장에서는 주로 분석적으로, 2장에서는 도덕적으로, 3장에서는 존재론적으로, 4장에서는 지혜의 차원에서 고정관념에 접근하여 하나하나 그 허점을 밝혀낸다. 거기에는 플라톤부터 사르트르에 이르는 24명 철학자의 가장 대표적인 철학적 명제들이 소개된다. 우리가 비판적인 사고의 능력을 기르는 데 더없이 훌륭한 교사들이 등장한 셈이다.

TV에서 이 시리즈를 진행했고, 이 책의 저자이기도 한 줄리아드 퓌네스는 "아무것도 당연한 것으로 여기지 않고, 모든 것을 상대적으로 생각하여 문제 삼으며, 모든 사물을 새롭고 독창적인 시선으로 바라보는 것"이 바로 철학이라고 정의한다.

기원전 고대 로마의 유적에서 발견된 라틴어 문구, "태양 아래 새로운 것은 없다(nil novi sub sole)"라는 명제는 그때나 지금이나 변함없는 진리이다. 그럼에도, 인간이 끊임없이 새로운 것을 창안하고 발견하고 발명해 온 저력은 바로 새롭지 않은 것들을 새로운 시선으로 바라보는 능력에서 나왔다. 우리가 더 나은 세상을 만들기 위해 길러야 할 힘이 바로 이것 아닌가. 그러려면 우선 이 철학 오프너로 고정관념부터 시원하게 날려버려야 하지 않을까. 하루 5분이면 충분하다.

2011. 2. 25
옮긴이 이나무

1장 분석적으로 생각하기
두 눈으로 보았으니 확실하다?

2장 올바르게 생각하기
이기주의자는 자기 이익만 챙기는 사람이다?

1장

분석적으로 생각하기

두 눈으로 보았으니 확실하다?

" 이 세상에서 확신할 수 있는 것은 아무것도 없다? "

르네 데카르트
(René Descartes,
1596~1650)

데카르트의 방법론이 없었다면, 우리는 제대로 사고할 수 없었을 것이다. 그의 방법론
은 네 가지 규칙으로 구성된다. 첫째, 아무것도 당연한 것으로 인정하지 말 것. 둘째,
복잡한 문제를 단순한 문제로 쪼개서 생각할 것. 셋째, 사고할 때 단순한 문제에서 시
작해서 복잡한 문제로 옮겨 갈 것. 넷째, 빠뜨린 것이 없는지 전체적으로 다시 점검할
것. 이런 엄격하고 방법적인 사고 덕분에 그는 '데카르트적'인 인물로 역사에 길이 남
았다.